中等职业学校教育创新规划教材
新型职业农民中职教育规划教材

金融与税收

刘金光　主编

中国农业大学出版社
·北京·

图书在版编目(CIP)数据

金融与税收/刘金光主编. —北京:中国农业大学出版社,2015.12
ISBN 978-7-5655-1443-2

Ⅰ.①金…　Ⅱ.①刘…　Ⅲ.①金融-中国-中等专业学校-教材②税收管理-中国-中等专业学校-教材　Ⅳ.①F812

中国版本图书馆 CIP 数据核字(2015)第 273558 号

书　　名　金融与税收
作　　者　刘金光　主编

策划编辑　张　蕊　张　玉　　**责任编辑**　张　玉
封面设计　郑　川　　**责任校对**　王晓凤
出版发行　中国农业大学出版社
社　　址　北京市海淀区圆明园西路 2 号　　**邮政编码**　100193
电　　话　发行部 010-62818525,8625　　读者服务部 010-62732336
编辑部 010-62732617,2618　　出　版　部 010-62733440
网　　址　http://www.cau.edu.cn/caup　　**E-mail** cbsszs @ cau.edu.cn
经　　销　新华书店
印　　刷　北京俊林印刷有限公司
版　　次　2016 年 1 月第 1 版　2016 年 1 月第 1 次印刷
规　　格　787×1 092　16 开本　11 印张　195 千字
定　　价　30.00 元

中等职业学校教育及新型职业农民中职教育教材编审委员会名单

编写人员

主　编　刘金光　河北省科技工程学校高级讲师

副主编　贾鎏辉　河北省科技工程学校高级讲师

于晓敏　河北省科技工程学校讲师

张瑞英　河南农业职业学院高级讲师

编写说明

积极开展与创新中等职业学校教育与新型职业农民中职教育，提高现代农业与社会主义新农村建设一线中等应用型职业人才及新型职业农民的综合素质、专业能力，是发展现代农业和建设社会主义新农村的重要举措。为贯彻落实中央的战略部署及全国职业教育工作会议精神，特根据《教育部关于“十二五”职业教育教材建设的若干意见》《中等职业学校新型职业农民培养方案（试行）》和《中等职业学校专业教学标准（试行）》等文件精神，紧紧围绕培养生产、服务、管理第一线需要的中等应用型职业人才及新型职业农民，并遵循中等职业学校教育与新型职业农民中职教育的基本特点和规律，编写了《金融与税收》中职教材。

《金融与税收》是农业经济管理类专业核心课教材之一。本教材以培养学生从事农村金融与税收活动必需的知识、技能、方法和职业态度为核心，打破传统教材编写模式，以项目驱动、行动导向的教学模式为依据，以学习性工作任务实施为主线，同时，吸收了本门课程历年来相关职业院校教育教学改革中所取得的成果，并统筹兼顾中等职业学校教育及新型职业农民中职教育的学习特点。

《金融与税收》教材重点介绍金融基础、金融机构及其业务、金融市场及其业务、流转税、所得税等内容。本教材根据项目驱动、行动导向式教学的需要，以引导学生主动学习为目的，进行体例架构设计，以适应中等职业学校教育和新型职业农民中职教育创新和改革的需要。本教材内容深入浅出、通俗易懂，具有很强的针对性和实用性，是中等职业学校教育及新型职业农民中职教育的专用教材，也可作为家庭农场主培育及金融与税收管理人员岗位培训的教材，还可供从事相关工作的专业人员作为参考用书使用。通过本课程的学习，使学生能牢固掌握金融与税收的基本概念，深刻理解其基础理论，掌握金融与税收的基本原理和方法，学会理论联系实际，能运用所学理论知识分析现实金融与税收问题，提高学生从事经济工作的综合素质。

本教材由河北省科技工程学校刘金光高级讲师担任主编，河北省科技工程学校贾鎏辉高级讲师、于晓敏讲师，河南农业职业学院张瑞英高级讲师担任副主编，全书由刘金光统稿。北京农业职业学院李艳芳教授、辽宁农业职业技术学院曹军教授、武汉市农业学校吕清华高级讲师、农业部科技教育司王青立和原农业部农民科技教育培训中心陈肖安等同志对教材内容进行了最终审定，在此一并表示感谢。

本教材由于编者水平有限，加之时间仓促，不妥甚至错误之处在所难免，衷心希望广大读者对教材编写提出宝贵意见，以便修订和完善，进一步提高教材质量。

编　者

2015 年 9 月

目　　录

模块一　金融基础

模块二　税收基础知识

模块三　流转税

模块四　所得税

模块一　金融基础

项目一　金融机构及其业务

项目二　金融市场及其业务

项目一　金融机构及其业务

【项目目标】

完成本项目学习任务后，你应该能

1. 了解金融机构的分类，了解商业银行的性质、职能，了解中国农业发展银行的主要业务；

2. 掌握农村信用合作社的基本内容；

3. 熟悉我国的金融机构。

【项目任务描述】

本项目包括认知金融机构、认知商业银行和政策性银行、认知农村金融机构3个任务。通过本项目任务的操作与学习，能让学生了解我国现阶段金融机构体系；掌握农村信用合作社的相关内容；熟悉我国的金融机构等。通过学习，能激发学生对本项目的学习兴趣，培养学生具备基本金融知识的能力。

任务一　认知金融机构

相关链接

在现实经济生活中，为保证家庭及其成员正常生活需要，家庭与个人从不同的来源获取货币收入。家庭和个人的货币收支有时候收入大于支出，有时候则相反。多余的货币可以借出，不足则需要借入。这就产生了个人的货币债权和债务。同样，企业也是如此，企业需要筹集资金建厂及购置机器设备；投产后需要资金采购材料进行生产、支付工资；销售产品后取得货币收入，继续购进材料进行再生产。这样，企业周转中需要货币，就有了货币债务；如果有多余的货币暂时闲置就可贷出，又转化为货币债权。无论是家庭与个人还是企业,这种货币债权债务都离不开金融。总之,在现实经济生活中,每个人都会直接、间接地同银行等金融机构打交道,以货币形式进行经济交往和清理债权债务等关系。可以说,人人都与金融结下不解之缘。

一、学习准备

(一)知识准备

1. 了解金融的概念及构成

(1)金融的概念

“金”指资金,“融”指融通。金融指货币的发行、流通和回笼,贷款的发放和收回,存款的存入和提取,汇兑的往来等经济活动。金融的本质是价值流通。金融产品的种类有很多,其中主要包括银行、证券、基金、保险、信托等。金融是一种交易活动,金融交易本身并未创造价值,是一种将未来收入变现的方式,也就是明天的钱今天来花。

简单地说金融交易的频繁程度是反映一个地区、区域乃至国家经济繁荣能力的重要指标。

(2)金融的构成要素

①金融对象。货币(资金)。由货币制度所规范的货币流通具有垫支性、周转性和增值性。

现实生活中人们往往把现金等同于货币,但事实上货币的含义远非这些。在现代经济中,货币起着根本性的作用。在宏观经济学中,货币不仅是指现金,而且是现金加上一部分形式的资产。

货币
- 硬币
- 纸币
- 存款货币
- 储蓄存款
- 准货币
- 货币替代物

②金融方式。以借贷为主的信用方式为代表。金融市场上交易的对象,一般是信用关系的书面证明、债权债务的契约文书等,包括直接融资:无中介机构介入;间接融资:通过中介机构的媒介作用来实现的金融。

③金融机构。通常区分为银行和非银行金融机构。

④金融场所。即金融市场,包括资本市场、货币市场、外汇市场、保险市场、衍

生性金融工具市场等。

⑤制度和调控机制。对金融活动进行监督和调控等。

2.金融机构的含义及分类

(1)金融机构的含义

金融机构是资金盈余者与资金需求者之间融通资金的信用中介。它们主要以发行间接证券的方式形成资金来源,然后把这些资金投向贷款、收益证券等金融资产。它们是金融体系的重要组成部分,在整个国民经济运行中起着举足轻重的作用,通过疏通、引导资金的流动,促进和实现了资源在经济社会中的分配,提高了全社会经济运行的效率。

(2)我国现阶段金融机构体系

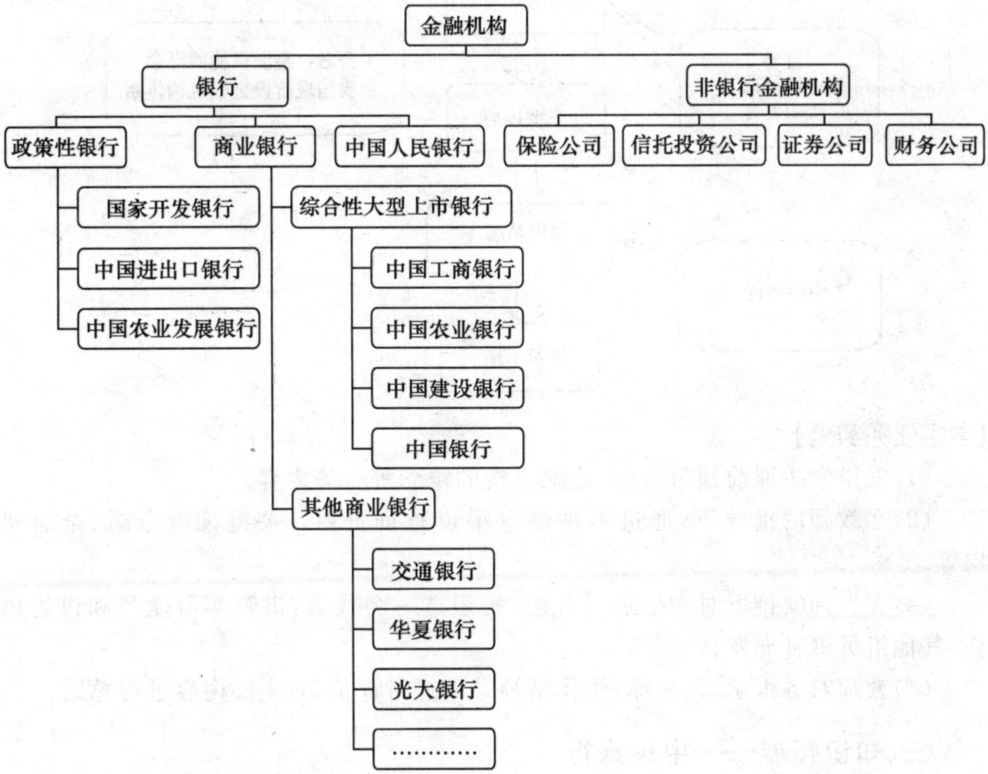

(二)资料准备

1.利用现有的图书馆以及报刊杂志等,查找有关我国主要金融机构资料;

2.利用现有的电脑、网站等网络环境条件,查找有关各金融机构内容方面资料。

二、设计与实施

【学习任务设计】

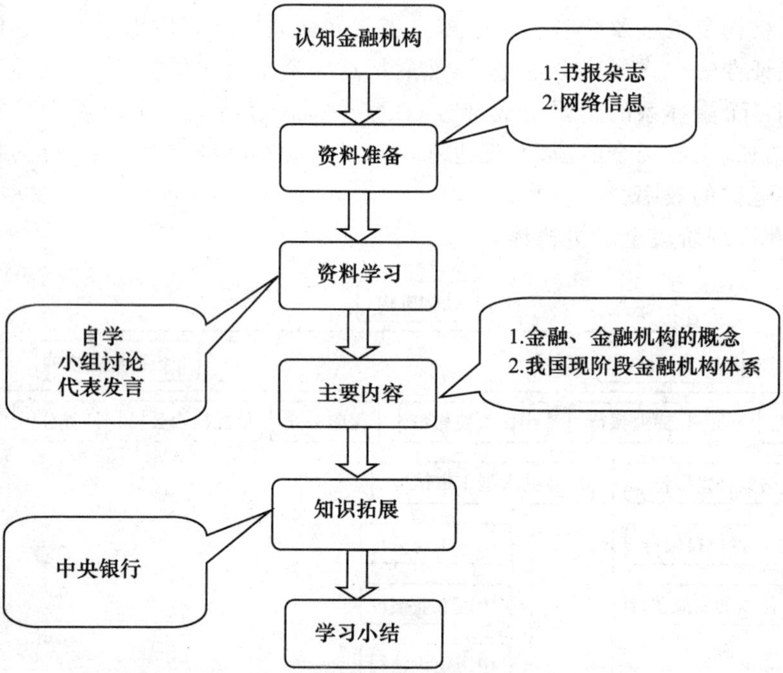

【学习任务实施】

(1)安排学生课前预习金融、金融机构的概念等有关内容。

(2)在教师的指导下,通过多种信息渠道查询资料。关键词有金融、金融机构等。

(3)在教师安排下对学生进行分组,每组选一名代表,讲解学习途径和讨论体会,其他组员做补充发言。

(4)教师对各组学习、纪律、协作精神方面进行评价,对主要内容进行总结。

三、知识拓展——中央银行

中央银行,是国家最高的货币金融管理组织机构,在各国金融体系中居于主导地位。国家赋予其制定和执行货币政策,对国民经济进行宏观调控,对其他金融机构乃至金融业进行监督管理权限,地位非常特殊。“中国人民银行”是我国的中央银行。

1. 中央银行的职能

中央银行职能主要以制定、执行货币政策，对金融机构活动进行领导、管理和监督。是一个“管理金融活动的银行”，同时，还有以下职能：

(1)发行的银行

中央银行是发行的银行，是指中央银行垄断货币发行权，是一国或某一货币联盟唯一授权的货币发行机构。

(2)银行的银行

银行的银行职能是指中央银行充当商业银行和其他金融机构的最后贷款人。银行的银行这一职能体现了中央银行是特殊金融机构的性质，是中央银行作为金融体系核心的基本条件。中央银行通过这一职能对商业银行和其他金融机构的活动施加影响，以达到调控宏观经济的目的。

(3)政府的银行

政府的银行职能是指中央银行为政府提供服务，是政府管理国家金融的专门机构。具体体现在：

①代理国库。国家财政收支一般不另设机构经办具体业务，而是交由中央银行代理，主要包括按国家预算要求代收国库库款、拨付财政支出、向财政部门反映预算收支执行情况等。

②代理政府债券发行。中央银行代理发行政府债券，办理债券到期还本付息。

③为政府融通资金。在政府财政收支出现失衡、收不抵支时，中央银行具有为政府融通资金以解决政府临时资金需要的义务。

④为国家持有和经营管理国际储备。国际储备包括外汇、黄金、在国际货币基金组织中的储备头寸、国际货币基金组织分配的尚未动用的特别提款权等。

⑤代表政府参加国际金融活动，进行金融事务的协调与磋商，积极促进国际金融领域的合作与发展。参与国际金融重大决策，代表本国政府与外国中央银行进行两国金融、贸易事项的谈判、协调与磋商，代表政府签订国际金融协定，管理与本国有关的国际资本流动，办理政府间的金融事务往来及清算，办理外汇收支清算和拨付等国际金融事务。

⑥为政府提供经济金融情报和决策建议，向社会公众发布经济金融信息。中央银行处于社会资金运动的核心，能够掌握全国经济金融活动的基本信息，为政府的经济决策提供支持。

2. 主要业务

①支付清算；

②投放抵押；

③黄金净买；

④跨境贷款。

任务二 认知商业银行和政策性银行

一、学习准备

(一)知识准备

1. 商业银行

商业银行的概念是区分于中央银行和投资银行的，是一个以营利为目的，以多种金融负债筹集资金，多种金融资产为经营对象，具有信用创造功能的金融机构。一般的商业银行没有货币的发行权，传统的商业银行的业务主要集中在经营存款和贷款(放款)业务，即以较低的利率借入存款，以较高的利率放出贷款，存贷款之间的利差就是商业银行的主要利润。商业银行的主要业务范围包括吸收公众、企业及机构的存款、发放贷款、票据贴现及中间业务等。它是储蓄机构而不是投资机构。

(1)利息与利率

①利息的实质。利息是指因本金的借贷(存、放)而发生的货币；实质是利润的一部分，是剩余价值的转化形式。利息，从其形态上看，是货币所有者因为发出货币资金而从借款者手中获得的报酬；从另一方面看，它是借贷者使用货币资金必须支付的代价。利息实质上是利润的一部分，是利润的特殊转化形式。

②利率及种类。利率又称利息率，表示一定时期内利息与本金的比率，通常用百分比表示，按年计算则称为年利率。其计算公式是：

$$利息率=利息\div本金\div时间\times100\%$$

利率的种类如下：

a. 根据计算方法不同，分为单利和复利。单利是指在借贷期限内，只在原来的本金上计算利息，对本金所产生的利息不再另外计算利息。复利是指在借贷期限内，除了在原来本金上计算利息外，还要把本金所产生的利息重新计入本金、重复计算利息,俗称“利滚利”。

b. 根据与通货膨胀的关系,分为名义利率和实际利率。名义利率是指没有剔除通货膨胀因素的利率,也就是借款合同或单据上标明的利率。实际利率是指已经剔除通货膨胀因素后的利率。

c. 根据确定方式不同,分为官定利率、公定利率和市场利率。官定利率是指由政府金融管理部门或者中央银行确定的利率。公定利率是指由金融机构或银行业协会按照协商办法确定的利率,这种利率标准只适合于参加该协会的金融机构,对其他机构不具约束力,利率标准也通常介于官定利率和市场利率之间。市场利率是指根据市场资金借贷关系紧张程度所确定的利率。

d. 根据国家政策意向不同,分为一般利率和优惠利率。一般利率是指在不享受任何优惠条件下的利率。优惠利率是指对某些部门、行业、个人所制定的利率优惠政策。

e. 根据银行业务要求不同,分为存款利率和贷款利率。存款利率是指在金融机构存款所获得的利息与本金的比率。贷款利率是指从金融机构贷款所支付的利息与本金的比率。

(2)商业银行的性质、职能

①商业银行的性质。

A. 企业特征

必须具备业务经营所需的自有资本,并达到管理部门所规定的最低资本要求;必须照章纳税;实行自主经营、自担风险、自负盈亏、自我约束;以获取利润为经营目的和发展动力。

B. 金融企业

商业银行的经营对象不是普通商品,而是货币、资金,商业银行业务活动的范围不是生产流通领域,而是货币信用领域,商业银行不是直接从事商品生产和流通的企业,而是为从事商品生产和流通的企业提供金融服务的企业。

C. 特殊银行

商业银行作为特殊银行,首先在经营性质和经营目标上,商业银行与中央银行和政策性金融机构不同。商业银行以盈利为目的,在经营过程中讲求营利性、安全性和流动性原则,不受政府行政干预。

D. 法律性质

a. 特许制。商业银行由国家特许成立,发放银行经营许可证的部门是国务院银行业监督管理机构。特许审批过程主要是:首先由申请人提出申请,然后由中国银监会予以审查。形式审查要弄清各种申请文件、资料是否齐全，是否符合法律规定；实质审查要弄清申请人是否符合各项经营商业银行业务的条件。审查通过后，由申请人将填写的正式申请表和法律要求的其他文件、资料，报中国银监会特许批准并颁发经营许可证。值得一提的是，特许批准的权力完全属于国家，符合成立商业银行的各项条件也并不意味着一定能取得经营许可证。

b. 企业法人。商业银行具有企业性质，拥有法人地位。企业是经济组织，以营利为目的；法人也是组织，但其范围不仅包括企业而且包括非企业组织和团体。企业法人可以作为复合词对待，它本身也是法人的一种分类。中国 1986 年的《民法通则》有企业法人与非企业法人的分类。

企业法人是从事生产、经营，以创造社会财富，扩大社会积累为目的，实行经济核算制的法人。1993 年 12 月 29 日通过的《中华人民共和国公司法》(简称《公司法》)将企业法人分为两大类三种形式。

第一类是有限责任公司，包括由若干股东共同投资组成的有限责任公司和国有独资有限责任公司两种形式。

第二类是股份有限公司，这类公司的股份公开发行并且可以以股票形式上市流通。商业银行的组织形式和机构设置都应符合《公司法》的规定。

因此，中国商业银行的法律性质是特许成立的企业法人。

②商业银行的职能。商业银行的职能是由它的性质所决定的，主要有五个基本职能：

A. 调节经济

调节经济是指商业银行通过其信用中介活动，调剂社会各部门的资金短缺，同时在央行货币政策和其他国家宏观政策的指引下，实现经济结构、消费比例投资、产业结构等方面的调整。此外，商业银行通过其在国际市场上的融资活动还可以调节本国的国际收支状况。

B. 信用创造

商业银行在信用中介职能和支付中介职能的基础上，产生了信用创造职能。商业银行是能够吸收各种存款的银行，利用其所吸收的各种存款发放贷款，在支票流通和转账结算的基础上，贷款又派生为存款，在这种存款不提取现金或不完全提现的基础上，就增加了商业银行的资金来源，最后在整个银行体系，形成数倍于原始存款的派生存款。

C. 信用中介

信用中介是商业银行最基本、最能反映其经营活动特征的职能。这一职能的实质，是通过银行的负债业务，把社会上的各种闲散货币集中到银行里来，再通过资产业务，把它投向经济各部门；商业银行是作为货币资本的贷出者与借入者的中介人或代表，来实现资本的融通、并从吸收资金的成本与发放贷款利息收入、投资收益的差额中，获取利益收入，形成银行利润。商业银行成为买卖“资本商品”的“大商人”。

商业银行通过信用中介的职能实现资本盈余和短缺之间的融通，并不改变货币资本的所有权，改变的只是货币资本的使用权。

D. 支付中介

商业银行除了作为信用中介，融通货币资本以外，还执行着货币经营业的职能。通过存款在账户上的转移，代理客户支付，在存款的基础上，为客户兑付现款等，成为工商企业、团体和个人的货币保管者、出纳者和支付代理人。

以商业银行为中心，形成经济过程中无始无终的支付链条和债权债务关系。

E. 金融服务

随着经济的发展，工商企业的业务经营环境日益复杂化，银行间的业务竞争也日益剧烈化，银行由于联系面广，信息比较灵通，特别是电子计算机在银行业务中的广泛应用，使其具备了为客户提供信息服务的条件，咨询服务，对企业“决策支援”等服务应运而生，工商企业生产和流通专业化的发展，又要求把许多原来的属于企业自身的货币业务转交给银行代为办理，如发放工资，代理支付其他费用等。

个人消费也由原来的单纯钱物交易，发展为转账结算。现代化的社会生活，从多方面给商业银行提出了金融服务的要求。

在强烈的业务竞争权力下，各商业银行也不断开拓服务领域，通过金融服务业务的发展，进一步促进资产负债业务的扩大，并把资产负债业务与金融服务结合起来，开拓新的业务领域。在现代经济生活中，金融服务已成为商业银行的重要职能。

(3)商业银行的类型

按资产性质分为：

①国有控股商业银行（随着农行股改完成，中国已经没有国有独资商业银行了），指工、农、建、中四大银行。

②股份制商业银行，目前有交通银行、深圳发展银行、中信实业银行、中国光大银行、华夏银行、中国投资银行、招商银行、广东发展银行、福建兴业银行、上海浦东发展银行、海南发展银行、中国民生银行等。

③城市合作银行，是在原城市信用合作社清产核资的基础上，吸收地方财政、企业入股组建而成的，是股份制性质的。如北京银行、重庆银行等。

2. 认知政策性银行

(1)政策性银行概述

政策性银行是指由政府发起、出资成立，为贯彻和配合政府特定经济政策和意图而进行融资和信用活动的机构。由于政策性银行是按照国家的产业政策或政府的相关决策进行投融资活动的金融机构，不以利润最大化为经营目标。

政策性银行不以营利为目的，专门为贯彻、配合政府社会经济政策或意图，在特定的业务领域内，直接或间接地从事政策性融资活动，充当政府发展经济、促进社会进步、进行宏观经济管理工具。1994 年中国政府设立了国家开发银行、中国进出口银行、中国农业发展银行三大政策性银行，均直属国务院领导。

一般来说，政策性银行贷款利率较低、期限较长，有特定的服务对象，其放贷支持的主要是商业性银行在初始阶段不愿意进入或涉及不到的领域。例如，国家开发银行服务于国民经济发展的能源、交通等“瓶颈”行业和国家需要优先扶持领域，包括西部大开发、振兴东北老工业基地等，这些领域的贷款量占其总量的 91%。进出口银行则致力于扩大机电产品和高新技术产品出口以及支持对外承包工程和境外投资项目。农发行主要承担国家政策性农村金融业务，代理财政性支农资金拨付，专司粮棉油收购、调销、储备贷款业务等。

(2)与商业银行的区别

①经营方式不同。政策性银行多由政府出资建立，业务上由政府相应部门领导。商业银行多采取股份制的形式，业务上自主经营、独立核算。

②资金来源不同。政策性银行一般不接受存款，也不从民间借款。而商业银行以存款作为其主要的资金来源。

③经营目的不同。政策性银行是为了支持某些部门的发展而专门成立的，不以赢利为目的，与相应的产业部门关系密切。而商业银行则以利润最大化为经营目的，业务范围广泛。

(二)资料准备

1. 利用现有的图书馆以及报刊杂志等，查找有关商业银行资料。

2. 利用现有的电脑、网站等网络环境条件，查找有关农业银行主要业务方面资料。

二、设计与实施

【学习任务设计】

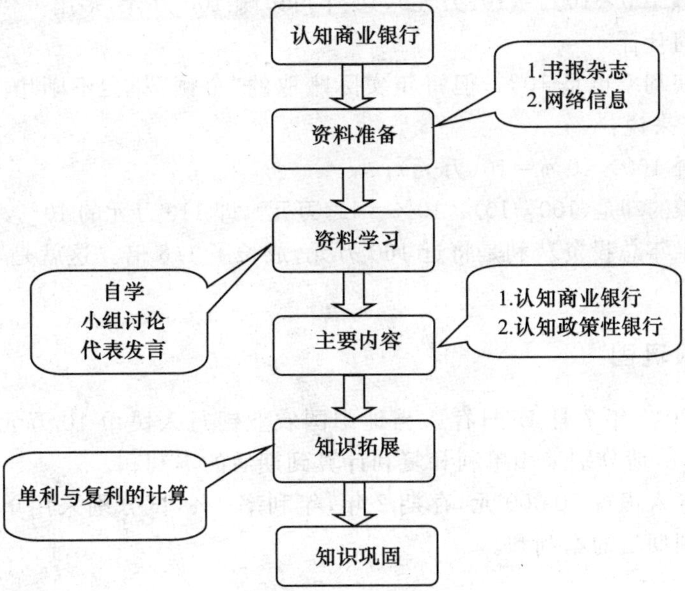

【学习任务实施】

1. 课前准备

①在老师指导下，学生课前查询商业银行资料。

②调查当地中国农业银行有哪些“三农”信贷产品。

2. 课堂上

①分成若干小组，每组选一个代表发言，组员进行补充；教师组织讨论并评价各小组的学习情况。

②进一步熟悉商业银行的性质及职能。

三、知识拓展——单利及复利的计算

单利是指在借贷期限内，只在原来的本金上计算利息，对本金所产生的利息不再另外计算利息。复利是指在借贷期限内，除了在原来本金上计算利息外，还要把本金所产生的利息重新计入本金、重复计算利息，俗称“利滚利”。

与单利相比，复利更重视时间因素所起的作用，也更能反映信贷关系的本质，更好地体现信贷资金占用时间越长利息越多的原则。当然，复利的计算过程也要复杂得多。

【例】 假定某投资每年有10%的获利，投资100万元。

1. 以单利计算

每年可赚100×10%＝10(万元)，10年可以赚100万元，多出一倍。

2. 以复利计算

虽然年获利率也是10%，但每年实际赚取的“金额”却会不断增加，以前述的100万元投资来说：

第一年赚100×10%＝10(万元)；

第二年赚的却是(100＋10)×10%＝11(万元)，即110万元的10%，是11万元；

等到第十年总投资获利是将近160万元，成长了1.6倍。这就是一般所说“复利的魔力”。

四、知识巩固

1. 李丽2015年7月15日存入当地中国农业银行人民币10万元，期限3年，年利率3.25%，请分别采用单利和复利计算到期后的本利和。

2. 王慧存入银行50 000元，存期2年，年利率4%，试分别采用单利和复利两种方法计算到期后的本利和。

任务三 认知农村金融机构

相关链接

承德农信社10亿元贷款支农助春耕

在春耕生产到来之际，承德市农村信用社早谋划、早部署、早行动，紧紧围绕农户春耕资金需求，积极筹措支农资金，开通“绿色办贷通道”，优化服务举措，全力支持农业产业发展和春耕备耕生产。截至3月末，全市农信社涉农贷款余额338.57亿元，占全部贷款余额的99.42%；投放春耕备耕贷款10亿元，占全部新增贷款的67.29%。有效发挥了支农主力军作用，为全年农业生产提供了有力保障。

春耕支农行动早。省联社承德办事处把支持春耕备耕生产作为开年信贷工作的首要任务，召开专题会议研究部署春耕备耕信贷资金投放工作，制定支持春耕备耕工作方案，要求全辖对春耕资金优先安排，春耕贷款优先受理、优先审批、优先发放。在分配信贷指标和规模上，将信贷资金向春耕备耕集中、向农业大县倾斜。在此基础上，积极筹措支农资金，加大存款组织营销力度，并积极与上级部门沟通，争取信贷规模。前3个月共营销存款28.33亿元，各项存款余额达到529.57亿元，先后争取信贷规模14.9亿元，备足了春耕备耕生产资金。全市各县级行社按照办事处安排部署，科学制定春耕备耕信贷资金投放计划，留足春耕生产信贷规模，压缩其他行业贷款，明确支持重点，按照本地农业生产实际和规律，积极投放春耕备耕贷款，确保不误农时。

资金需求调查细。及时开展春耕备耕生产情况调查工作。一方面，积极主动向政府涉农部门了解"三农"工作安排、农业生产计划以及需要金融部门对接支持的环节，进一步加强了解和合作。另一方面，各县级行社和信用社成立300余支支农小分队，发挥农信社点多、面广、地熟、人熟的优势，深入到村组、农户，与村干部和农户面对面交流沟通，详细了解春耕备耕资金需求情况，逐户登记、统计汇总，进一步摸清了春耕资金需求情况，以此为依据，制定信贷投放计划，做好农业生产资金的调拨和供应，满足春耕备耕的信贷资金需求。

信贷投放力度大。始终坚持"立足三农、面向县域、服务中小微企业"的市场定位，严格落实有保有压、有扶有控和稳中求进的宏观调控政策，不断优化信贷结构，把握信贷投放节奏和力度，加大信贷投放力度，用好用足信贷规模全力助推县域经济和农业产业发展。截至3月末，全市农信社新增贷款14.86亿元，占全市各家银行新增贷款总数的20.07%，各项贷款余额340.55亿元，占全市各家银行贷款总数的24.84%，是全市投放贷款最多的银行金融机构。大力支持"三农"、小微企业发展，加大支农支小、支持春耕备耕资金投放力度，截至3月末，新增涉农贷款14.79亿元，涉农贷款余额338.57亿元，占全部贷款余额的99.42%。先后发放种子化肥、农药地膜、农机具、农田水利建设等春耕贷款10亿元，共支持农户7.8万户，支持农作物种植面积82.6万亩，支持农资供应商户6 400余户、农业企业近500多家，为实现全年农业增产增收提供了保障。

突出特色产品新。在做好保证担保、抵押、质押等传统服务业务、满足农户多样性需求的基础上，省联社办事处围绕新时期农村经济形势变化和广大农户业务需求，加快推进小额信贷普及工作，全辖先后成立了9个小额信贷中心和58个小额信贷分中心，涵盖了全部县级行社。以推广普及"农贷宝"、"商贷宝"业务为重点，制定农贷宝、商贷宝业务考核办法，从总量和户数两个方面严格考核农贷宝及商贷宝授信量、新增贷款农贷宝和商贷宝占比等指标。为符合条件的农户开办"农贷宝"卡，为个体工商户和小微企业主开办"商贷宝"卡，实现在授信期限内"一次授信，循环使用，渠道多样，随用随贷"。截至3月末，全辖采集农户信息13 817户，授信 13 779 户，发放农贷宝卡 13 630 张，授信余额 9 9282 万元，贷款余额 52 272 万元。采集商户信息 4 656 户，授信 4 143 户，发放商贷宝卡 4 057 张，授信余额 104 744 万元，贷款余额 77 453 万元。

便农惠农服务优。第一，大力推行"阳光信贷"。在营业网点醒目位置公开贷款种类、申请条件、办理程序、利率等信息，并将信贷人员姓名、联系方式、工作职责、服务范围等内容上墙公示，使广大农户能够清楚明白办理业务。同时，进一步加强服务监督，公开举报投诉电话，接受广大客户监督，改进服务举措。第二，开通"绿色通道"。在柜面设立春耕贷款专柜，优先办理春耕备耕贷款业务。简化贷款手续，提高办贷效率，做到随到随办、快审快放、限时办结，确保春耕资金及时到位、及时投放。施行集中办贷特色服务，信贷人员以村为单位制定春耕贷款投放计划，排出放贷时间表，采取批量授信的方式，集中办理春耕贷款。第三，做强电子银行业务。加大信通卡营销力度，积极普及用卡知识和电子银行业务知识，宣传农信社的现代支付、农信银、网上银行业务，加快 ATM 机、存取款一体机、POS 机、EPOS 机等自助机具的布放力度，为广大农户提供多样性金融服务。截至 3 月末，全辖已布放 ATM 机 121 台、存取款一体机 208 台、POS 机 4 513 台、EPOS 机 2 371 台，实现了自助机具中心城镇全覆盖，EPOS 机行政村全覆盖，使农户享受最实惠、最便捷的金融服务，避免了生产所需资金因资金结算缓慢而贻误农时。

（资料来自河北省农村信用社网页　2015-4-29）

一、学习准备

（一）知识准备

1. 银行类农村金融机构

（1）中国农业银行

中国大型上市银行。其最初成立于 1951 年，是新中国成立的第一家国有商业银行，也是中国金融体系的重要组成部分。中国农业银行在中国拥有多家分支机构，总行设在北京，在海外设有境外代理行。2006 年完成改制，2007 年上市，是城乡一体化全能型国际金融企业。

①业务领域。中国农业银行网点遍布中国城乡，成为中国网点最多、业务辐射范围最广的大型现代化商业银行。业务领域已由最初的农业信贷、结算业务，发展成为品种齐全，本外币结合，能够办理国际、国内通行的各类金融业务。中国农业银行业务领域已由最初的农业信贷、结算业务。发展成为品种齐

中国农业银行
AGRICULTURAL BANK OF CHINA

全，本外币结合，能够办理国际、国内通行的各类金融业务。主要包括：存款服务/综合贷款服务/外汇理财/人民币理财/代客境外理财/银行卡/汇款及外汇结算/保管箱租赁/缴费服务/代发薪服务/出国金融服务/电子银行服务/私人银行/融资业务/国内支付结算/国际结算/基金相关业务/企业理财服务/金融机构服务。同时还提供各种公司银行和零售银行产品和服务并且开展自营及代客资金业务，业务范围还涵盖投资银行、基金管理、金融租赁、人寿保险等领域。

②主要业务。

A. 人民币业务

包括吸收公众存款；发放短期、中期和长期贷款；办理国内外结算；办理票据贴现；发行金融债券；代理发行、代理兑付、承销政府债券；买卖政府债券；从事同业拆借；买卖、代理买卖外汇；提供信用证服务及担保；代理收付款项及代理保险业务等。

B. 外汇业务

包括外汇存款；外汇贷款；外汇汇款；外币兑换；国际结算；外汇票据的承兑和贴现；外汇借款；外汇担保；结汇、售汇；发行和代理发行股票以外的外币有价证券；买卖和代理买卖股票以外的外币有价证券；代客外汇买卖；资信调查、咨询、见证业务。

C. 贷款业务

附：2015 年 7 月 11 日最新中国农业银行存款利率表——来自中商情报网

项目	年利率(%)
一、城乡居民及单位存款	
(一)活期	0.35
(二)定期	
1.整存整取	
三个月	1.85
半年	2.05
一年	2.25
二年	2.75
三年	3.25
五年	3.35
2.零存整取、整存零取、存本取息	
一年	1.85
三年	2.05
五年	2.15
3.定活两便	按一年以内定期整存整取同档次利率打 6 折
二、协定存款	1.15
三、通知存款	
一天	0.80
七天	1.35

(2)中国农业发展银行

(图片来自中国农业发展银行网页)

①含义。中国农业发展银行是根据中华人民共和国国务院 1994 年 4 月 19 日发出的《关于组建中国农业发展银行的通知》(国发 199425 号)成立的国有农业政策性银行,同年 11 月挂牌成立,总部设于北京,直属国务院领导。中国农业发展银行的主要任务是:按照国家的法律、法规和方针、政策,以国家信用为基础,筹集农业政策性信贷资金,承担国家规定的农业政策性和经批准开办的涉农商业性金融业务,代理财政性支农资金的拨付,为农业和农村经济发展服务。目前,形成了以支持国家粮棉购销储业务为主体、以支持农业产业化经营和农业农村基础设施建设为两翼的业务发展格局,初步建立现代银行框架,经营业绩实现重大跨越,有效发挥了在农村金融中的骨干和支柱作用。

②业务范围。中国农业发展银行的业务范围,由国家根据国民经济发展和宏观调控的需要并考虑到农发行的承办能中国农业发展银行力来界定。中国农业发展银行成立以来,国务院对其业务范围进行过多次调整。中国农业发展银行的主要业务是:

a. 办理粮食、棉花、油料收购、储备、调销贷款。

b. 办理肉类、食糖、烟叶、羊毛、化肥等专项储备贷款。

c. 办理粮食、棉花、油料加工企业和农、林、牧、副、渔业的产业化龙头企业贷款。

d. 办理粮食、棉花、油料种子贷款。

e. 办理粮食仓储设施及棉花企业技术设备改造贷款。

f. 办理农业小企业贷款和农业科技贷款。

g. 办理农业基础设施建设贷款。支持范围限于农村路网、电网、水网(包括饮水工程)、信息网(邮政、电信)建设,农村能源和环境设施建设。

h. 办理农业综合开发贷款。支持范围限于农田水利基本建设、农业技术服务体系和农村流通体系建设。

i. 办理农业生产资料贷款。支持范围限于农业生产资料的流通和销售环节。

j. 代理财政支农资金的拨付。

k. 办理业务范围内企事业单位的存款及协议存款、同业存款等业务。

l. 办理开户企事业单位结算。

m. 发行金融债券。

n. 资金交易业务。

o. 办理代理保险、代理资金结算、代收代付等中间业务。

p. 办理粮棉油政策性贷款企业进出口贸易项下的国际结算业务以及与国际业务相配套的外汇存款、外汇汇款、同业外汇拆借、代客外汇买卖和结汇、售汇业务。

q. 办理经国务院或中国银行业监督管理委员会批准的其他业务。

2. 农村合作金融机构

(1)农村信用合作社

(图片来自河北省农村信用社网页)

①农村信用合作社的概念。农村信用合作社(简称农村信用社,农信社)是根据中国人民银行颁布的《农村信用合作社管理规定》而组建、管理、运营的农村金融合作机构。由个人、企业、事业单位或地方政府出资开办的从事储蓄、贷款、汇兑、结算、代办代理等银行零售业务。接受中国人民银行的领导、监管。

农村信用合作社中国人民银行批准设立、由社员入股组成、实行民主管理、主要为社员提供金融服务的农村合作金融机构。农村信用合作社是银行类金融机构,所谓银行类金融机构又叫做存款机构和存款货币银行,其共同特征是以吸收存款为主要负债,以发放贷款为主要资产,以办理转账结算为主要中间业务,直接参与存款货币的创造过程。农村信用合作社又是信用合作机构,所谓信用合作机构是由个人集资联合组成的以互助为主要宗旨的合作金融机构,简称“信用社”,以互助、自助为目的,在社员中开展存款、放款业务。

②机构性质。农村信用合作社是银行类金融机构,所谓银行类金融机构又叫做存款机构和存款货币银行,其共同特征是以吸收存款为主要负债,以发放贷款为主要资产,以办理转账结算为主要中间业务,直接参与存款货币的创造过程。

农村信用合作社又是信用合作机构，所谓信用合作机构是由个人集资联合组成的以互助为主要宗旨的合作金融机构，简称“信用社”，以互助、自助为目的，在社员中开展存款、放款业务。信用社的建立与自然经济、小商品经济发展直接相关。由于农业生产者和小商品生产者对资金需要存在季节性、零散、小数额、小规模的特点，使得小生产者和农民很难得到银行贷款的支持，但客观上生产和流通的发展又必须解决资本不足的困难，于是就出现了这种以缴纳股金和存款方式建立的互助、自助的信用组织。

农村信用合作社是由农民入股组成，实行入股社员民主管理，主要为入股社员服务的合作金融组织，是经中国人民银行依法批准设立的合法金融机构。农村信用社是中国金融体系的重要组成部分，其主要任务是筹集农村闲散资金，为农业、农民和农村经济发展提供金融服务。同时，组织和调节农村基金，支持农业生产和农村综合发展支持各种形式的合作经济和社员家庭经济，限制和打击高利贷。

③机构特点。农村信用合作社作为银行类金融机构有其自身的特点，主要表现在：

a. 农民和农村的其他个人集资联合组成，以互助为主要宗旨的合作金融组织，其业务经营是在民主选举基础上由社员指定人员管理经营，并对社员负责。其最高权力机构是社员代表大会，负责具体事务的管理和业务经营的执行机构是理事会。

b. 主要资金来源是合作社成员缴纳的股金、留存的公积金和吸收的存款；贷款主要用于解决其成员的资金需求。起初主要发放短期生产生活贷款和消费贷款，后随着经济发展，渐渐扩宽放款渠道，和商业银行贷款没有区别。

c. 由于业务对象是合作社成员，因此业务手续简便灵活。农村信用合作社的主要任务是：依照国家法律和金融政策的规定，组织和调节农村基金，支持农业生产和农村综合发展，支持各种形式的合作经济和社员家庭经济，限制和打击高利贷。

④贷款利率。

A. 法定利率

国务院批准和国务院授权中国人民银行制定的各种利率为法定利率。法定利率的公布、实施由中国人民银行总行负责。

B. 基准利率

中国人民银行对商业银行和其他金融机构的存、贷款利率为基准利率。基准利率由中国人民银行总行确定。

C. 合同利率

贷款人根据法定贷款利率和中国人民银行规定的浮动同谋范围，经与借款人共同商定，并在借款合同中载明的某一笔具体贷款的利率。

经国务院批准，中国人民银行决定，自 2013 年 7 月 20 日起全面放开金融机构贷款利率管制。

a. 取消金融机构贷款利率 0.7 倍的下限，由金融机构根据商业原则自主确定贷款利率水平。

b. 对农村信用社贷款利率不再设立上限。

⑤农村信用合作社的经营范围。

a. 办理存款，贷款，票据贴现，国内外结算业务。

b. 办理个人储蓄业务。

c. 代理其他银行的金融业务。

d. 买卖政府债券。

e. 代理发行，代理兑付，承销政府债券。

f. 提供保险箱服务。

g. 代理收付款项及受托代办保险业务。

h. 办理经中国人民银行批准的其他业务等人民币业务。

⑥业务种类(以河北省农村信用社业务为例)。

a. 公司业务：单位存款、中小企业融资系列、联合担保系列、票据系列、代理业务。

b. 个人业务：特色信贷产品、个人存款、惠农直通车系列、商户致富桥系列、自由新生活系列、代理业务。

c. 清算业务。

d. 电子银行。

e. 银行卡。

(2)农村合作银行

①农村合作银行是由辖内农民、农村工商户、企业法人和其他经济组织入股组成的股份合作制社区性地方金融机构。主要任务是为农民、农业和农村经济发展提供金融服务。

②主要业务。农村合作银行依法开展业务，不受任何单位和个人的干涉。经中国银行业监督管理委员会批准，可经营《商业银行法》规定的部分或全部业务。

a. 吸收公众存款。

b. 发放短期、中期和长期贷款。

c. 办理国内外结算。

d. 办理票据承兑与贴现。

e. 发行金融债券。

f. 代理发行、代理兑付、承销政府债券。

g. 买卖政府债券、金融债券。

h. 从事同业拆借。

i. 买卖、代理买卖外汇。

j. 从事银行卡业务。

k. 提供信用证服务及担保。

l. 代理收付款项及代理保险业务。

m. 提供保管箱业务。

n. 经国务院银行业监督管理机构批准的其他业务。

3. 新型农村金融机构

(1)农村资金互助社

①概念。农村资金互助社是指经银行业监督管理机构批准,由乡(镇)、行政村农民和农村小企业自愿入股组成,为社员提供存款、贷款、结算等业务的社区互助性银行业金融机构。

农村资金互助社实行社员民主管理,以服务社员为宗旨,谋求社员共同利益。

农村资金互助社是独立的企业法人,对由社员股金、积累及合法取得的其他资产所形成的法人财产,享有占有、使用、收益和处分的权利,并以上述财产对债务承担责任。

农村资金互助社社员以其社员股金和在本社的社员积累为限对该社承担责任。

农村资金互助社从事经营活动,应遵守有关法律法规和国家金融方针政策,诚实守信,审慎经营,依法接受银行业监督管理机构的监管。

②机构设立。农村资金互助社应在农村地区的乡(镇)和行政村以发起方式设立。其名称由所在地行政区划、字号、行业和组织形式依次组成。设立农村资金互助社应符合以下条件:

a. 有符合本规定要求的章程。

b. 有10名以上符合本规定社员条件要求的发起人。

c. 有符合本规定要求的注册资本。在乡(镇)设立的,注册资本不低于30万元人民币,在行政村设立的,注册资本不低于10万元人民币,注册资本应为实缴资本。

d. 有符合任职资格的理事、经理和具备从业条件的工作人员。

e. 有符合要求的营业场所，安全防范设施和与业务有关的其他设施。

f. 有符合规定的组织机构和管理制度。

g. 银行业监督管理机构规定的其他条件。

③社员和股权管理。农村资金互助社社员是指符合本规定要求的入股条件，承认并遵守章程，向农村资金互助社入股的农民及农村小企业。章程也可以限定其社员为某一农村经济组织的成员。

农民向农村资金互助社入股应符合以下条件：

a. 具有完全民事行为能力。

b. 户口所在地或经常居住地（本地有固定住所且居住满 3 年）在入股农村资金互助社所在乡（镇）或行政村内。

c. 入股资金为自有资金且来源合法，达到章程规定的入股金额起点。

d. 诚实守信，声誉良好。

e. 银行业监督管理机构规定的其他条件。

农村小企业向农村资金互助社入股应符合以下条件：

a. 注册地或主要营业场所在入股农村资金互助社所在乡（镇）或行政村内。

b. 具有良好的信用记录。

c. 上一年度盈利。

d. 年终分配后净资产达到全部资产的 10%以上（合并会计报表口径）。

e. 入股资金为自有资金且来源合法，达到章程规定的入股金额起点。

f. 银行业监督管理机构规定的其他条件。

单个农民或单个农村小企业向农村资金互助社入股，其持股比例不得超过农村资金互助社股金总额的 10%，超过 5%的应经银行业监督管理机构批准。

社员入股必须以货币出资，不得以实物、贷款或其他方式入股。

④经营管理。农村资金互助社以吸收社员存款、接受社会捐赠资金和向其他银行业金融机构融入资金作为资金来源。

农村资金互助社接受社会捐赠资金，应由属地银行业监督管理机构对捐赠人身份和资金来源合法性进行审核；向其他银行业金融机构融入资金应符合本规定要求的审慎条件。

农村资金互助社的资金应主要用于发放社员贷款，满足社员贷款需求后确有富余的可存放其他银行业金融机构，也可购买国债和金融债券。

农村资金互助社发放大额贷款、购买国债或金融债券、向其他银行业金融机构融入资金，应事先征求理事会、监事会意见。

农村资金互助社可以办理结算业务，并按有关规定开办各类代理业务。

农村资金互助社不得向非社员吸收存款、发放贷款及办理其他金融业务，不得以该社资产为其他单位或个人提供担保。

(2)村镇银行

①村镇银行的定义。村镇银行是指经中国银行业监督管理委员会依据有关法律、法规批准，由境内外金融机构、境内非金融机构企业法人、境内自然人出资，在农村地区设立的主要为当地农民、农业和农村经济发展提供金融服务的银行业金融机构。村镇银行不同于银行的分支机构，属一级法人机构。

②村镇银行业务涵盖范围。根据银监会的规定，村镇银行涵盖了吸收公众存款、发放短中长期贷款、办理国内结算、办理票据承兑与贴现、从事同业拆借、从事银行卡业务、代理发行兑付及承销政府债券等所有的主流业务，甚至还可以代理政策性银行、商业银行和保险公司、证券公司等金融机构的业务。

(3)农村贷款公司

①贷款公司的定义。贷款公司是指经中国银行业监督管理委员会依据有关法律、法规批准，由境内商业银行或农村合作银行在农村地区设立的专门为县域农民、农业和农村经济发展提供贷款服务的银行业非存款类金融机构。贷款公司是由境内商业银行或农村合作银行全额出资的有限责任公司。

②贷款公司的经营范围。

a. 办理各项贷款。

b. 办理票据贴现。

c. 办理资产转让。

d. 办理贷款项下的结算。

e. 经中国银行业监督管理委员会批准的其他资产业务。

贷款公司开展业务，必须坚持为农民、农业和农村经济发展服务的经营宗旨，贷款的投向主要用于支持农民、农业和农村经济发展。

贷款公司不得吸收公众存款，信贷额度较高，贷款方式灵活。

(二)资料准备

1. 利用现有的图书馆以及报刊杂志等，查找有关农村金融机构资料。

2. 利用现有的电脑、网站等网络环境条件，查找有关农民资金互助合作社经营管理方面资料。

二、设计与实施

【学习任务设计】

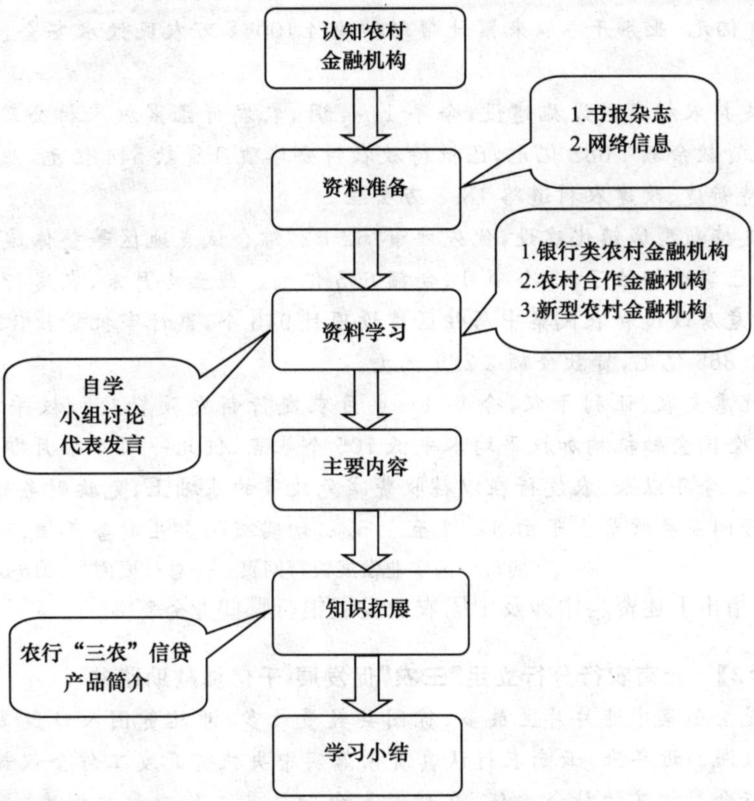

【学习任务实施】

【案例1】　农发行加大对“三农”重点领域支持力度

今年以来，面对经济下行压力较大的新形势，农发行及时调整思路，提升站位，主动融入国家战略，服务经济社会发展大局，加大信贷支农力度，提升金融服务水平，强化政策性银行的逆周期调节作用。今年1～4月，农发行累放贷款4 915亿元，月末贷款余额3.04万亿元，比年初增加2 052亿元，同比多增176亿元。

全力支持粮棉油收储，2014年初至今年4月末，农发行累放粮棉油收储贷款8 653亿元，支持收购粮油3 039.5亿千克，收购棉花7 361.5万千克。

大力支持国家重大水利工程建设，研究制定了一揽子倾斜优惠政策，力保全年投放专项过桥贷款350亿元、各项水利建设贷款新增1 050亿元。截至5月29日，农发行专项水利过桥贷款已达成融资意向434亿元，符合条件已受理258亿元，已审批通过152亿元，正在评审107亿元，已投放贷款55亿元。同时，加大对水利建设的中长期贷款支持力度，2014年初至今年4月末累放贷款1 082亿元，月末贷款余额2 933亿元，业务开办以来累计帮助解决4 100多万农民饮水安全问题，社会效益显著。

积极支持农村交通设施建设，今年1～4月，农发行已累放农村公路贷款150亿元，月末贷款余额1 682亿元，已批待放农村公路项目贷款544亿元，业务开办以来累计支持新建、改建农村道路18.8万公里。

大力支持新型城镇化建设，优先评审“62＋2”综合试点地区等整体城镇化建设项目，今年已实地评估了23个项目、金额635亿元。截至4月末，农发行共支持棚户区、农村危房改造和农民集中居住区建设项目946个，累计审批贷款3 332亿元，累计投放2 865亿元，贷款余额2 229亿元。

坚持优惠支农、让利于农，今年1～4月农发行新发放贷款加权平均利率为5.82%，比全国金融机构加权平均水平低105个基点，仅此一项4个月即向企业让利36亿元。今年以来，农发行在以往收费减免政策的基础上，免收财务顾问费用，将投融资顾问业务收费上限由3‰降至1.5‰，切实减轻企业财务负担。

（摘自中国农业发展银行网页——总行要闻 2015-06-03）

问题：指出上述资料中涉及中国农业发展银行哪些业务？

【案例2】 云南农行分行立足“三农”促发展 千亿贷款助脱贫

云南是全国集中连片片区最多、贫困县数量最多、涉及贫困人口最多的省份，贫困程度较深。近年来，云南农行认真贯彻落实中央扶贫开发工作会议精神，认真履行好农行金融扶贫的社会责任，在新时期金融扶贫工作中积极探索、勇于创新，把做好云南省滇西、乌蒙山、石漠化、藏区4个集中连片特困地区金融服务工作，帮助贫困地区脱贫作为新时期服务“三农”的重要工作来抓。截至2015年5月末，我行在4个集中连片特困地区贷款余额已突破千亿元大关，积极支持了贫困地区经济社会发展。

1.强化责任担当，加大信贷投放。为了做好云南4个集中连片特困地区扶贫工作，云南省农行制定了《中国农业银行云南省分行关于加强集中连片特困地区金融服务工作的实施意见》（以下简称《实施意见》），并根据各片区资源分布情况，分别制定了4个片区的金融服务方案和发展规划。《实施意见》下发以来，云南农行共向4个集中连片特困地区县发放贷款743.05亿元，到2015年5月末4个片区贷款余额达到1 030.68亿元，较2013年末增加166.2亿元，增幅达19.22%，分别高于全行和三农同期贷款增幅 3.62 和 3.14 个百分点。

2. 抓住服务重点，明确重点区域。以重大基础设施建设、高原特色农业、重点工业园区、特色旅游资源、商贸流通产业、新型城镇化、农田水利、革命老区和民族地区等为优先支持领域，确保全行每年新增贷款主要投放于集中连片特困地区 91 贫困县、73 个国家级和 7 省贫困县省级扶贫开发重点县，且每年信贷投放总量稳定增加，贷款增幅高于全行 2 个百分点以上。

3. 确定发展目标，实现精准扶贫。今年，云南农行计划年末全省新增惠农卡有效发卡 12 万张，农户贷款余额净增 3.5 亿元，营销专业大户（家庭农场）2 700 户，全省金穗惠农通工程有效服务点净增 4 000 个，服务点有效率不低于 70%，实现电子机具对具备固话网络条件的行政村基本覆盖。通过农业产业带动、基础设施辐射、农户贷款助力、龙头企业、特色产业辐射带动等多种方式，实现精准扶贫目标，尽快帮助建档立卡贫困户脱贫致富。

（资料来自中国农业银行网页　2015-06-24）

问题：该农行分行帮助当地农户脱贫的具体措施包括哪些？

三、知识拓展——农行三农信贷产品简介

（一）农村个人生产经营贷款

农村个人生产经营贷款是指对农户家庭内单个成员发放的，用以满足其从事规模化生产经营资金需求的大额贷款。

1. 发放对象具备的条件

农村个人生产经营贷款的发放对象是具备以下条件的农户：

①年龄在 18 周岁以上（含），且申请借款时年龄和借款期限之和最长不超过 60 年（含），在农村区域有固定住所，身体健康，具有完全民事行为能力和劳动能力，持有有效身份证件。

②根据《中国农业银行“三农”客户信用等级评定管理办法》，客户的信用等级评级结果为良好级及以上。

③收入来源稳定，具备按期偿还信用的能力。

④从事的生产经营活动合规合法，符合国家产业、行业、环保政策。

⑤须提供合法、有效、足值的担保。

⑥借款人及其配偶信用记录良好，申请贷款时不存在到期未还的逾期贷款和信用卡恶意透支，且最近 24 个月内不存在连续 90 天（含）以上或累计 6 期以上的逾期记录。

2. 借款人需提供的资料

①借款人有效身份证明的原件及复印件。

②涉及保证担保的，需提供担保方同意担保的证明文件；涉及抵押和质押担保的，需提供抵押物或质押权利的权属证明文件以及有处分权人同意抵（质）押的书面证明。

③已领取营业执照的借款人，需提供经年检合格的营业执照，从事许可证经营的，应提供相关行政主管部门的经营许可证原件及复印件。

④贷款人要求的其他材料。

3. 农村个人生产经营贷款的期限、利率和额度

①采用一般用款方式的，原则上不超过3年，对于从事林果业等生产周期较长的生产经营活动的，最长可延长至8年。

②采用自助可循环方式的，授信期限最长不超过3年，额度内的单笔借款款期限一般不超过1年，且到期日不能超过额度有效期后6个月。

③农村个人生产经营贷款的具体利率请咨询当地经营行。对诚实守约的客户，我行将考虑给予一定利率优惠。

④农村个人生产经营贷款单户额度起点为5万元（不含），单户余额最高不超过100万元（含），其中采取自助可循环方式的单户余额最高不超过50万元（含）。

4. 办理流程

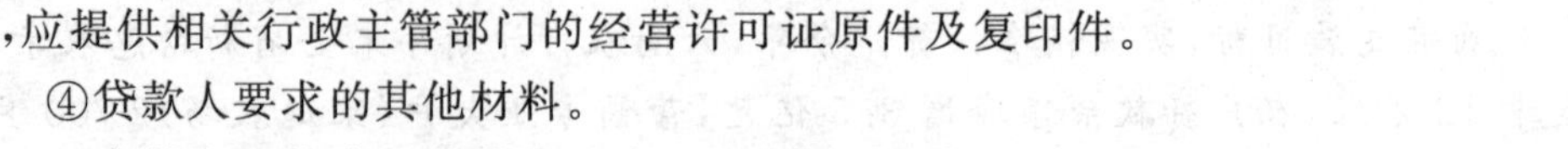

（二）个人助业贷款

个人助业贷款是指农业银行向自然人发放的，用于合法生产经营的人民币贷款。

1. 个人助业贷款适用对象

具有中华人民共和国国籍，从事合法生产经营活动的自然人，包括个体工商户经营者、个人独资企业投资人、合伙企业合伙人、小企业主等。

2. 个人助业贷款具备的优势

①贷款额度高；单户最高可获得1 000万元贷款额度。

②方式灵活，多种选择：信用贷款额度＋保证贷款额度＋抵押贷款额度＋质押贷款额度。

③可一次核定抵押额度，多次循环使用。

④可采用自助方式，自己放款、还款，轻松自主。

3.借款人申办个人助业贷款需具备的条件

①18～65 周岁，具有完全民事行为能力，在当地有固定住所，持有合法有效身份证件。

②具有合法有效的生产经营证明，从事特种行业的应持有有权批准部门颁发的特种行业经营许可证。

③具有本行业经营管理经验并从事本行业经营 2 年以上，具备一定的经营管理能力。

④具有稳定的经营收入和按期偿还贷款本息的能力。

⑤担保贷款须提供合法、有效、足值的担保。

⑥信用记录良好。

⑦符合农业银行对顶的其他条件。

4.贷款期限和利率

贷款期限最长不超过 5 年，贷款利率在人民银行期限利率基础上根据客户资信状况和农业银行相关规定执行。

5.办理流程

客户提出贷款申请并提交相关资料→银行进行调查、审查和审批→签订借款合同→办理抵押、质押登记等相关手续→发放贷款。

（三）个人综合授信贷款

个人综合授信贷款是农业银行根据个人客户取得抵质押、保证、信用的综合信用情况，对个人客户确定最高授信额度，客户可在约定期限和最高授信额度内便捷地取得贷款的业务。

1.具有的特点

①一次授信，循环使用：可依据抵押、质押、保证、信用方式中的一种或组合，一次申请取得授信额度，重复循环使用。

②用途齐全，方便灵活：贷款用途可作为住房、汽车、房屋装修、综合消费等消费类用途，也可为个体生产经营等经营类用途，灵活广泛。

③手续简便，省心省息：借款人申请贷款后，如以房地产抵押，只需办理一次抵押手续；可随借随还，利息按照实际贷款额和实际使用天数计算。

2.申办需要的条件

①18～65 周岁，身体健康，具有中华人民共和国国籍、有效身份证明和完全民事行为能力。

②在本地有固定住所。

③具有稳定职业、稳定合法收入或足够偿还贷款本息的个人合法资产。

④信用记录较好，无赌博、吸毒等不良嗜好。

⑤在农业银行开立个人账户，愿意接受农业银行信贷、结算监督。

3. 授信的额度

总额度最高不超过500万元。

总授信额度＝信用贷款额度＋保证贷款额度＋抵押贷款额度＋质押贷款额度。

4. 授信的期限

个人客户综合授信额度有效期一般为2年，不含保证信用类授信的额度有效期最长不得超过3年。

5. 单笔贷款的期限和利率

单笔贷款到期日最迟不得超过授信到期日；

利率根据贷款用途，按照人民银行和农业银行有关规定执行。

6. 办理流程

客户提出个人综合授信贷款申请并提交相关资料→银行进行调查，审查和审批→银行与借款人签订授信合同和借款合同→抵质押方式授信办理抵质押手续→借款人按约定还款方式偿还贷款本息→办理结清贷款手续。

小贴士：

问：如果客户的授信到期了，还想继续使用怎么办？

答：在授信到期日之前，如果您在用信期间未发生任何不良记录，您可提前向原贷款行申报，通过审批后就能重新获得授信额度了。

（四）个人一手住房贷款

1. 借款人需具备的条件

a. 具有完全民事行为能力和合法有效的身份证件。

b. 具有偿还贷款本息的能力。

c. 信用状况良好。

d. 已签订合法有效的房屋买卖合同，且所购房屋用途为住宅。

e. 有不低于最低规定比例的首付款证明。

f. 原则上以所购住房设定抵押担保。

g. 农业银行规定的其他条件。

2. 贷款期限、利率和额度

a. 贷款期限最长不超过 30 年。

b. 贷款利率执行中国人民银行规定，最低可在同期同档次贷款基准利率的基础上下浮 15%，可以采用固定利率、浮动利率或固定加浮动利率(混合利率)方式锁定贷款利率，规避加息增加的还款压力。

c. 贷款最高额度不超过所购住房成交价格的 80%。

3. 办理流程

借款人申请，提供相关资料→银行审批通过后，与借款人签订借款合同→办理保险、担保手续→银行发放贷款→借款人按期归还贷款。

4. 借款人需提供的资料

a. 借款人身份证件。

b. 借款人婚姻状况证明。

c. 借款人还款能力证明。

d. 购房首付款证明。

e. 借款人与售房人签订的合法有效的房屋买卖合同。

f. 有共同借款人的，共同借款人须按要求提供身份证件及其他相关证明文件，并按要求填写《中国农业银行个人房地产贷款申请表》。

g. 对资质符合要求的借款人以所购住房之外的其他住房设定抵押的，须提供抵押物房地产权利证书、抵押物所有权人及共有权人的身份证件及其同意抵押的书面承诺。

h. 农业银行要求提供的其他资料。

5. 还款方式

农业银行设计了多种还款方式供您选择：等额本息法、等额本金法、等额递增(减)法、等比递增(减)法。

6. 后续服务

①提前还款。在贷款的有效期内，借款人若需提前归还贷款时，需提前向经办行提出书面申请，经经办行同意后，可以提前归还全部或部分贷款本金，已计收的利息不再调整。

②部分提前还款，可以采取下列两种方式。

第一种：期限减按业务：每期还款额不变、缩短还款期限。

第二种：金额减按业务：还款期限不变、减少每期还款额的方式。

四、综合评价

(一)教师评价

1.对整个学习内容的归纳；

2.对学习过程的总体评价。

(二)学生评价

1.对教师授课效果的评价；

2.对学习效果的评价。

项目二　金融市场及其业务

【项目目标】

完成本项目学习任务后,你应该能

1. 理解金融市场、资本市场的概念;
2. 掌握货币市场的基本内容;
3. 熟悉金融市场的构成、功能;
4. 知晓如何进行商业汇票的贴现,知晓非法集资的危害性。

【项目任务描述】

本项目分为认知金融市场、熟悉货币市场、认知资本市场和远离非法集资 4 个任务。通过本项目任务的操作与学习,能让学生理解金融市场、资本市场的概念;掌握货币市场的基本内容;熟悉金融市场的构成、功能等。通过学习,能增强学生对本项目的学习兴趣,培养学生查阅资料、观察分析和沟通协作等能胜任岗位工作的职业素质。

任务一　认知金融市场

相关链接

黄金价格暴跌 金店金饰降至每克 300 元下抢客

黄金价格近日再度暴跌,刷新 4 个月低点至 1 143.43 美元/盎司。深圳黄金零售市场与批发市场的金价亦随之下落。周大福、老凤祥等各大黄金珠宝品牌足金饰品价格已经跌落到 300 元/克之下,报价均在 294 元/克左右,但深圳黄金零售市场则出现了 268 元/克的免工费标价。而对于黄金投资客来说,目前的低位并不适合抄底，专家建议黄金投资要缓一缓。

黄金的下跌似乎找不到底。“不必太悲观。”深圳黄金珠宝研究所所长曹阳认为，目前已经进入黄金生产的成本区域，而且全球货币超发比较严重，种种迹象均表明黄金的价值正在显现。但黄金真正走出底部区域，预计要到2017年。随着探底成功，2017年以后有可能会出现波澜壮阔的黄金大牛市。

黄金消费市场不好，黄金珠宝企业也面临洗牌。专家预计，在大的经济结构调整没有结束之前，黄金消费市场不可能走好，黄金珠宝企业在节约成本的同时，要耐心等待市场复苏。

（摘自搜狐网页　2015年7月）

一、学习准备

（一）知识准备

1. 金融市场含义

金融市场又称为资金市场，包括货币市场和资本市场，是资金融通市场。所谓资金融通，是指在经济运行过程中，资金供求双方运用各种金融工具调节资金盈余的活动，是所有金融交易活动的总称。

2. 金融市场构成

一般根据金融市场上交易工具的期限，把金融市场分为货币市场和资本市场两大类。

货币市场是融通短期（一年以内）资金的市场，资本市场是融通长期（一年以上）资金的市场。

3. 金融市场分类

(1)按融资交易期限

①长期资金市场（资本市场），主要供应一年以上的中长期资金，如股票与长期债券的发行与流通。

②短期资金市场（货币市场），是一年以下的短期资金的融通市场，如同业拆借、票据贴现、短期债券及可转让存单的买卖。

(2)按经营场所

①有形金融市场，指有固定场所和操作设施的金融市场。

②无形金融市场，以营运网络形式存在的市场，通过电子电信手段达成交易。

(3)按地理范围

①国际金融市场，由经营国际间货币业务的金融机构组成，其经营内容包括资

金借贷、外汇买卖、证券买卖、资金交易等。

②国内金融市场，由国内金融机构组成，办理各种货币、证券及作用业务活动。它又分为城市金融市场和农村金融市场，或者分为全国性、区域性、地方性的金融市场。

(4)按交易性质

①发行市场，也称一级市场，是新证券发行的市场。

②流通市场，也称二级市场，是已经发行、处在流通中的证券的买卖市场。

(5)按交易对象划分

可分为拆借市场、贴现市场、大额定期存单市场、证券市场(包括股票市场和债券市场)、外汇市场、黄金市场和保险市场。

(6)按交易标的物

①货币市场。

②资本市场。

③金融衍生品市场。

④外汇市场。

⑤保险市场。

⑥黄金及其他投资品市场。

(二)资料准备

1.利用现有的图书馆以及报刊杂志等，查找有关金融市场构成资料；

2.利用现有的电脑、网站等网络环境条件，查找有关金融市场功能方面资料。

二、设计与实施

【学习任务设计】

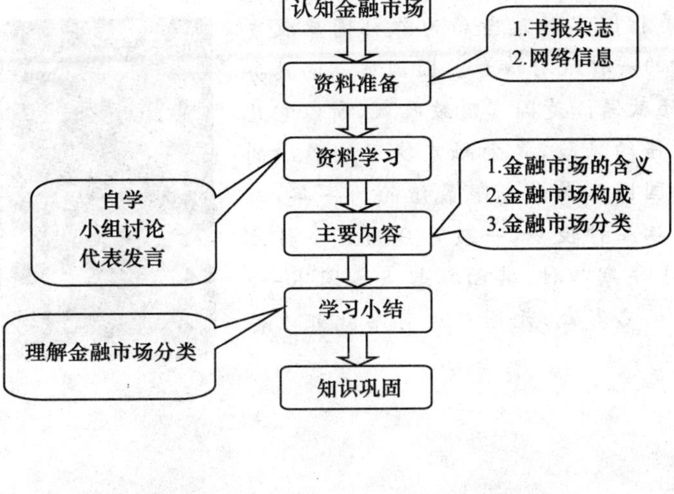

【学习任务实施】

(1)安排学生课前预习金融市场的相关资料。

(2)在教师的指导下,通过多种信息渠道查询资料。

(3)共同探讨如何合理进行农村家庭理财。

调查单:目前农村主要理财途径,是否合理并提出改进建议。

理财途径	所占比例
存款	
房产	
购买黄金	
购买股票	
其他	

三、知识巩固

复习巩固金融市场的分类。

任务二 熟悉货币市场

相关链接

国库券,是指国家财政当局为弥补国库收支不平衡而发行的一种政府债券。因国库券的债务人是国家,其还款保证是国家财政收入,所以它几乎不存在信用违约风险,是金融市场风险最小的信用工具。中国国库券的期限最短的为一年,而西方国家国库券品种较多,一般可分为3个月、6个月、9个月、1年期四种,其面额起点各国不一。国库券采用不记名形式,无须经过背书就可以转让流通。

一、学习准备

(一)知识准备

1. 货币简介

货币市场是短期资金市场,是指融资期限在一年以下的金融市场,是金融市场的重要组成部分。由于该市场所容纳的金融工具,主要是政府、银行及工商企业发行的短期信用工具,具有期限短、流动性强和风险小的特点,在货币供应量层次划分上被置于现金货币和存款货币之后,称之为"准货币",所以将该市场称为"货币市场"。

2. 货币市场特征

①低风险、低收益。

②期限短、流动性高。

③交易量大。

3. 货币市场类型

该市场根据不同的借贷或交易方式和业务,可分为以下几种:

(1)银行短期信贷市场

它是指国际银行同业间的拆放,以及银行对工商企业提供短期信贷资金的场所。该市场是在资本国际化的过程中发展起来的,其功能在于解决临时性的短期流动资金的不足。

短期信贷市场的拆放期是长短不一的。最短为日拆,一般多为 1 周,1 个月,3 个月和 6 个月,最长不超过 1 年。拆放利率以伦敦同业拆放利率为基础。该市场交易方式较为简便,存贷款都是每天通过电话联系来进行的,贷款不必担保。

(2)短期证券市场

是指信用良好的工商企业为筹集短期资金而开出的票据。它可通过银行发行,票面金额不限,期限一般为 4~6 个月,交易按票面金额贴现的方式进行。这里的短期证券包括国库券,可转让定期存款单、商业票据,银行承兑票据等,它们的最大特点是具有较大的流动性和安全性。各国的短期信用工具种类繁多,名称也不一样,但实质上都属于信用票据,比如:

①国库券。

②可转让存款证。

③商业票据。

④银行承兑票据。

(3)贴现市场

它是指对未到期票据,通过贴现方式进行资金融通而形成的交易市场。

贴现市场的主要经营者是贴现公司。贴现交易的信用票据主要有政府国库券、短期债券、银行承兑票据和部分商业票据等。贴现利率一般高于银行贷款利率。

相关链接

商业汇票的贴现

商业汇票贴现，是指商业汇票的持票人，将未到期的商业汇票转让给银行或非银行金融机构，银行或非银行金融机构按票面金额扣除贴现利息后，将余额付给持票人的票据融资行为。

银行会计部门对银行信贷部门审查的内容进行复核，并审查汇票盖印及压印金额是否真实有效。审查无误后即按规定计算并在贴现凭证上填写贴现率、贴现利息和实付贴现金额。计算公式如下：

贴现利息＝票据到期值×贴现率×贴现期

实付贴现金额＝票据到期值－贴现利息

贴现期＝票据期限－贴现单位已持有票据期限

银行会计部门填写完贴现率、贴现利息和实付贴现金额后，将贴现凭证第四联加盖“转讫”章后交给贴现单位作为收账通知，同时将实付贴现金额转入贴现单位账户。

商业承兑汇票 2 XX00000000

付款人	全称	北京市××公司	收款人	全称	天津市××公司
	账号	XXX-XXX-XX		账号	XXX-XXX-XX
出票金额	人民币（大写）				¥5000000.00

财务专用章

财务专用章

王都

(二)资料准备

1.利用现有的图书馆以及报刊杂志等，查找有关货币市场资料；

2.利用现有的电脑、网站等网络环境条件，查找有关货币市场基本内容方面资料。

二、设计与实施

【学习任务设计】

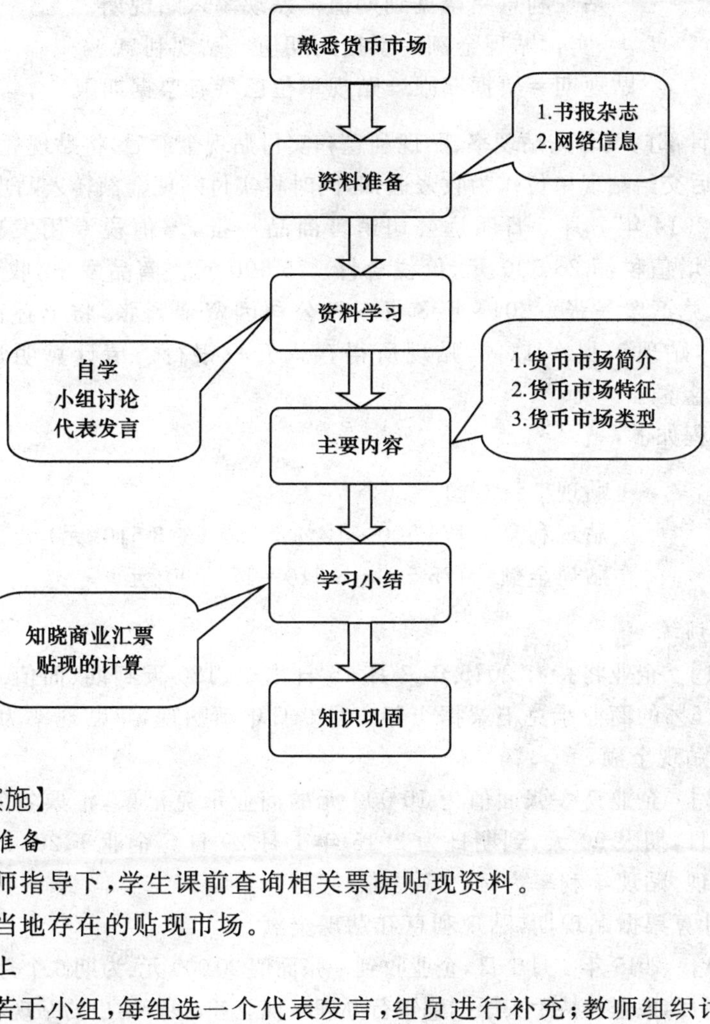

【学习任务实施】

1. 课前准备

①在老师指导下，学生课前查询相关票据贴现资料。

②调查当地存在的贴现市场。

2. 课堂上

①分成若干小组，每组选一个代表发言，组员进行补充；教师组织讨论并评价各小组的学习情况。

②共同学习讨论商业汇票贴现的计算。

商业汇票贴现，是指商业汇票的持票人，将未到期的商业汇票转让给银行或非银行金融机构，银行或非银行金融机构按票面金额扣除贴现利息后，将余额付给持票人的票据融资行为。

银行会计部门对银行信贷部门审查的内容进行复核，并审查汇票盖印及压印金额是否真实有效。审查无误后即按规定计算并在贴现凭证上填写贴现率、贴现利息和实付贴现金额。计算公式如下：

贴现利息＝票据到期值×贴现率×贴现期

实付贴现金额＝票据到期值－贴现利息

贴现期＝票据期限－贴现单位已持有票据期限

银行会计部门填写完贴现率、贴现利息和实付贴现金额后，将贴现凭证第四联加盖“转讫”章后交给贴现单位作为收账通知，同时将实付贴现金额转入贴现单位账户。

【例】 2014 年 7 月 5 日明远公司销售商品一批，增值税专用发票注明价款 150 000 元，增值税额 25 500 元，价税合计 175 500 元。商品发出，收到期限 3 个月的商业承兑汇票一张。2014 年 8 月 5 日公司因资金紧张，将上述商业承兑汇票进行贴现，贴现年利率 12%，贴现所得存入开户银行。请计算明远公司贴现利息及贴现金额。

计算过程如下：

贴现期＝3－1＝2(个)

贴现利息＝175 500×12%÷12×2＝3 510(元)

贴现金额＝175 500－3 510＝171 990(元)

3.课堂训练

[习题 1] 企业将持有 2015 年 3 月 15 日出票、120 天到期、面值 100 000 元、票面年利率 6%的商业承兑汇票据当年 4 月 9 日申请贴现，年贴现率为 12%，试计算贴现息及贴现金额。

[习题 2] 企业持一张面值为 10 000 元的商业承兑汇票，汇票签发日为 2014 年 10 月 31 日，期限 90 天，到期日为 2015 年 1 月 29 日。企业于 2014 年 11 月 30 日到银行贴现，贴现年利率为 7.2%。

要求:计算票据贴现期，贴现利息和贴现金额。

[习题 3] 2015 年 4 月 1 日，企业收到一张面值 20 000 元、为期 6 个月的商业承兑汇票。2 个月后，该企业持手头票据到银行办理贴现业务，银行给出的贴现利率为 6%。

要求:计算票据贴现期，贴现利息和贴现金额。

[习题 4] 2015 年 5 月 15 日，企业收到一张面值 60 000 元、为期 5 个月的商业承兑汇票。7 月 15 日，该企业持手头票据到银行办理贴现业务，银行给出的贴现利率为 5%。

要求:计算票据贴现期，贴现利息和贴现金额。

三、知识巩固

熟悉货币市场的类型。

任务三 认知资本市场

相关链接

中国股市的现状

如何看待中国股市现状？目前中国股市还有没有投资价值？1990年12月，我国建立了上海、深圳证券交易所，20多年来，我国资本市场在拓宽融资渠道、促进资本形成、优化资源配置、分散市场风险方面发挥了不可替代的重要作用，有力推动了实体经济又好又快发展，成为我国社会主义市场经济体制的重要组成部分，成为支持我国经济社会持续健康发展的重要平台。

目前，A股市场已有2 535家上市公司，股票总市值位居全球前3位。国有控股或参股的重要骨干企业基本都已成为上市公司，国有资产增值效应明显，国有经济的活力、控制力和影响力显著增强；在中小企业板和创业板的上市公司中，民营企业占比超过80%，有力推动民营企业按公众公司的要求建立现代企业制度；借助资本市场的平台，大量代表经济未来发展方向的科技型、创新型企业脱颖而出，为推动我国产业结构调整、支持自主创新提供了重要支持。

一、学习准备

(一)知识准备

1. 资本市场简介

资本市场，亦称“长期金融市场”、“长期资金市场”。期限在一年以上各种资金借贷和证券交易的场所。

资本市场上的交易对象是一年以上的长期证券。因为在长期金融活动中，涉及资金期限长、风险大，具有长期较稳定收入，类似于资本投入，故称之为资本市场。

2.资本市场特点

与货币市场相比，资本市场特点主要有：

(1)融资期限长

至少在1年以上，也可以长达几十年，甚至无到期日。例如：中长期债券的期限都在1年以上；股票没有到期日，属于没有到期日，属于永久性证券；封闭式基金存续期限一般都在15～30年。

(2)流动性相对较差

在资本市场上筹集到的资金多用于解决中长期融资需求，故流动性和变现性相对较弱。

(3)风险大而收益较高

由于融资期限较长，发生重大变故的可能性也大，市场价格容易波动，投资者需承受较大风险。同时，作为对风险的报酬，其收益也较高。

在资本市场上，资金供应者主要是储蓄银行、保险公司、信托投资公司及各种基金和个人投资者；而资金需求方主要是企业、社会团体、政府机构等。其交易对象主要是中长期信用工具，如股票、债券等等。资本市场主要包括中长期信贷市场与证券市场。

(4)资金借贷量大

(5)价格变动幅度大

3.资本市场构成

我国具有典型代表意义的资本市场包括：

(1)国债市场

这里所说的国债市场是指期限在一年以上、以国家信用为保证的国库券、国家重点建设债券、财政债券、基本建设债券、保值公债、特种国债的发行与交易市场。

(2)股票市场

包括股票的发行市场和股票交易市场。

(3)企业中长期债券市场

(4)中长期放款市场

该市场的资金供应者主要是不动产银行、动产银行；其资金投向主要是工商企业固定资产更新、扩建和新建；资金借贷一般都需要以固定资产、土地、建筑物等作为担保品。

(二)资料准备

1.利用现有的图书馆以及报刊杂志等，查找有关资本市场资料；

2.利用现有的电脑、网站等网络环境条件，查找有关资本市场基本内容方面资料。

二、设计与实施

【学习任务设计】

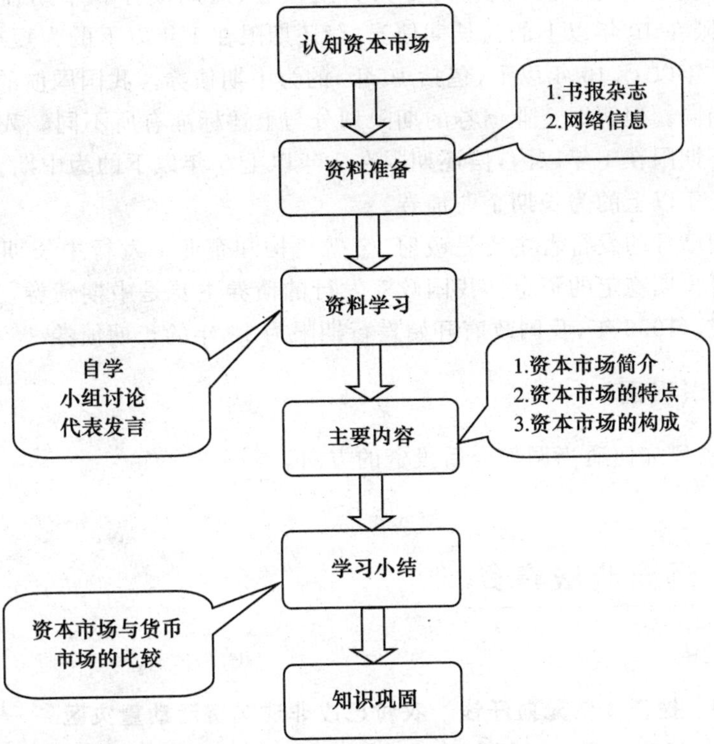

【学习任务实施】

1. 课前准备

在老师指导下，学生课前查询相关资本市场构成资料。

2. 课堂上

①分成若干小组，每组选一个代表发言，组员进行补充；教师组织讨论并评价各小组的学习情况。

②共同探讨中长期债券知识。

债券是一种金融契约，是政府、金融机构、工商企业等直接向社会借债筹措资金时，向投资者发行，同时承诺按一定利率支付利息并按约定条件偿还本金的债权债务凭证。债券的本质是债的证明书，具有法律效力。债券购买者或投资者与发行者之间是一种债权债务关系,债券发行人即债务人,投资者(债券购买者)即债权人。

债券是一种有价证券。由于债券的利息通常是事先确定的,所以债券是固定利息证券(定息证券)的一种。在金融市场发达的国家和地区,债券可以上市流通。

根据偿还期限的不同,债券可分为长期债券、短期债券和中期债券。一般说来,偿还期限在10年以上的为长期债券;偿还期限在1年以下的为短期债券;期限在1年或1年以上、10年以下(包括10年)的为中期债券。我国国债的期限划分与上述标准相同。但我国企业债券的期限划分与上述标准有所不同。我国短期企业债券的偿还期限在1年以内,偿还期限在1年以上5年以下的为中期企业债券,偿还期限在5年以上的为长期企业债券。

中长期债券的发行者主要是政府、金融机构和企业。发行中长期债券的目的是为了获得长期稳定的资金。我国政府发行的债券主要是中期债券,集中在3～5年这段期限。1996年,我国政府开始发行期限为10年的长期债券。

三、知识巩固

思考:农民如何适当调整今后投资的方向。

任务四　远离非法集资

【案例】　被套2亿元血汗钱　农村已成非法集资活动重灾区

2011年,河南一家公司招聘了40多位农民做业务员,为公司做“吸储业务”。本着邻里的信任和农民的金融需求,在3年多时间里,40多名业务员共向当地的4 000多户农民“吸储”近2亿元,并交与公司。可就在2014年12月23号,这40多名业务员接到公司通知,说“公司遇到困难,本金取不出来了”,这下,业务员们慌了神。

由于当初的“收款证明”都是这些业务员开具的,如今公司负责人找不到,村民们理所当然地向这些业务员,也就是自己的同乡讨债。而从公司拿不回钱的他们,顿时背上数百万元甚至千万元的“巨债”,还要终日面对挤破家门的要债村民,最终,有人不堪压力选择了自杀。

(资料来自央广网)

【案例分析】

这一事件表面看是投资担保公司涉嫌非法集资，但背后却反映出农民的金融和法律意识的不健全。农村目前已成为非法集资活动的重灾区，政府应尽快出台相关法律法规，来约束和管理这类民间借贷行为，同时加强农民的风险防范意识，让这条黑色的利益链，远离广大农民！

一、学习准备

(一)知识准备

1. 非法集资简介

非法集资是未经有关部门依法批准，承诺在一定期限内给出资人还本付息。还本付息的形式除以货币形式为主外，也有实物形式和其他形式；向社会不特定的对象筹集资金。这里"不特定的对象"是指社会公众，而不是指特定少数人；以合法形式掩盖其非法集资的实质。

2. 非法集资的常见手段

(1)承诺高额回报

不法分子为吸引群众上当受骗，往往编造"天上掉馅饼"、"一夜成富翁"的神话，通过暴利引诱许诺投资者高额回报。为了骗取更多的人参与集资，非法集资者在集资初期，往往按时足额兑现承诺本息，待集资达到一定规模后，便秘密转移资金或携款潜逃，使集资参与者遭受经济损失。

(2)编造虚假项目

不法分子大多通过注册合法的公司或企业，打着响应国家产业政策、支持新农村建设等旗号，经营项目由传统的种植、养殖行业发展到高新技术开发、集资建房、投资入股、售后返租等内容，以订立合同为幌子，编造虚假项目，承诺高额固定收益，骗取社会公众投资。

(3)以虚假宣传造势

不法分子为了骗取社会公众信任，在宣传上往往一掷千金，采取聘请明星代言、在著名报刊上刊登专访文章、雇人广为散发宣传单、进行社会捐赠等方式，加大宣传力度，制造虚假声势，骗取社会公众投资。有的不法分子利用网络虚拟空间将网站设在异地或租用境外服务器设立网站。

(4)利用亲情诱骗

不法分子往往利用亲戚、朋友、同乡等关系，用高额回报诱惑社会公众参与投资。有些参与人员，在精神洗脑或人身强制下，为了完成或增加自己的业绩，不惜利用亲情、地缘关系拉拢亲朋、同学或邻居加入，使参与人员迅速蔓延，集资规模不断扩大。

3. 非法集资的社会危害性

①参与非法集资的当事人会遭受经济损失，甚至血本无归，用于非法集资的钱可能是参与人一辈子节衣缩食省下来的，也可能是养命钱，而非法集资人对这些资金则是任意挥霍、浪费、转移或者非法占有，参与人很难收回资金。

②非法集资也严重干扰了正常的经济、金融秩序，引发风险。

③非法集资容易引发社会不稳定，引发系列社会治安问题，甚至造成局部地区社会治安动荡。由于非法集资是违法行为，一旦有了损失，需要当事人自己承担，因此，希望社会公众一定不要参与非法集资活动。

4. 防范措施

做到“五个不”，远离非法集资

从非法集资案来看，尽管手法花样繁多，但无一不是打着高利息、高回报的幌子。一些犯罪嫌疑人为了吸引更多的资金，往往能按时、足额兑现先期投资者的本息，然后拆东墙补西墙，用后来的投资兑现先前的本息。在这种情况下，一旦资金链断裂，大部分投资者将会血本无归。有的嫌疑人甚至会在集资达到一定规模、资金链尚未断裂前，便秘密转移资金，携款潜逃，投资者面临的损失不言而喻。

针对非法集资案暴露出的问题，提醒广大投资者，任何时候都应当选择合法、正规的投资渠道，做到“五个不”：

①对“高息”诱惑不轻信；

②对企业“实力”不崇拜；

③对“官方”背景不迷信；

④对“热心”熟人不盲从；

⑤对“创新型”理财产品不动心，加强自我保护和风险防范意识，远离非法集资。

（资料来自网易网页）

(二)资料准备

1. 利用现有的图书馆以及报刊杂志等，查找有关非法集资资料；

2. 利用现有的电脑、网站等网络环境条件，查找有关农村非法集资案例方面资料。

二、设计与实施

【学习任务设计】

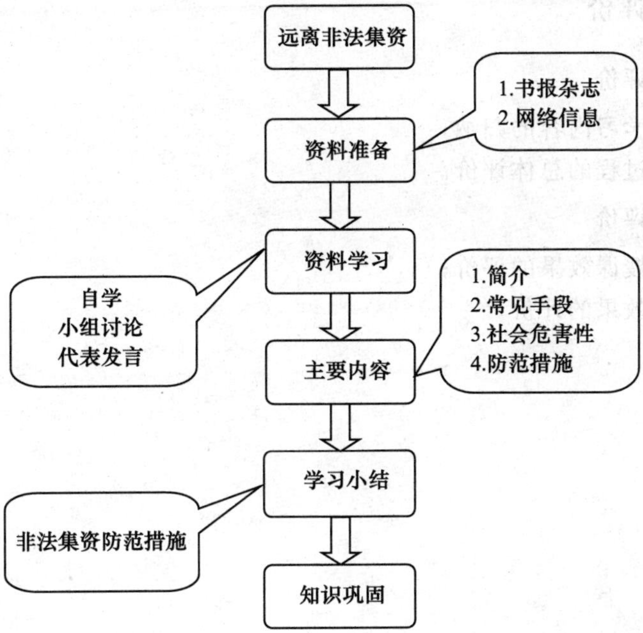

【学习任务实施】

在学生调查研究的基础上，通过头脑风暴法扩大学习成果，并集中集体智慧完成一份较好的综合性的“×××地区非法集资的专题调研报告”，每组选一个代表，在全班讲解小组的专题调研报告的形成、思路、学习收获，组员补充收获的内容；让学生在实施过程中学会识别非法集资的方法、分析技能及掌握防范措施等，教师组织发动全班同学讨论、评价各小组的学习情况，达到全班同学共享资源和收获体会，巩固所学的知识内容。

关于×××地区非法集资的调研报告

前言：介绍本次非法集资调查的缘由、目的、时间、地点和方式等；
主体内容：该地区非法集资的基本情况、突出问题等；
结尾：分析问题、得出结论、解决问题等。

三、知识巩固

增长金融知识,远离非法集资。

四、综合评价

(一)教师评价

1. 对整个学习内容的归纳;
2. 对学习过程的总体评价。

(二)学生评价

1. 对教师授课效果的评价;
2. 对学习效果的评价。

模块二　税收基础知识

项目三　税收制度与征收管理

项目三　税收制度与征收管理

【项目目标】

完成本项目学习任务后，你应该能

1. 理解税收的概念及分类，理解税收负担的影响因素；
2. 熟悉税收制度的构成要素；
3. 知晓税收负担的转嫁。

【项目任务描述】

本项目包括认知税收负担和税收征收管理 2 个任务。通过教师组织引导，学生听课、自学、讨论和案例分析等，理解税收的概念、特点与类型；熟悉税收制度的构成要素；知晓税收负担的转嫁等。通过学习，激发学生对本项目的学习兴趣，培养学生查阅资料、观察分析、调查研究和沟通协作等能胜任岗位工作的职业素质。

任务一　认知税收负担

相关链接

从各国政府的税收实践来看，税收具有“返还”的性质，即最终要通过国家财政预算分配，提供社会公共产品和服务等方式用之于纳税人。在我国社会主义制度下，国家、集体和个人之间的根本利益是一致的，税收的本质是“取之于民、用之于民、造福于民”。

按照国家税收法律规定，纳税人履行纳税义务，及时足额缴纳各项税款，这是纳税人享有国家提供公共产品和公共服务的前提和基础。国家通过税收筹集财政收入，并通过预算安排将之用于财政支出，进行交通、水利等基础设施和城市公共建设，支持农村和地区协调发展，用于环境保护和生态建设，促进教育、科学、文化、卫生等社会事业发展，用于社会保障和社会福利，用于政府行政管理，进行国防建设，维护社会治安，保障国家安全，促进经济社会发展，满足人民群众日益增长的物质文化等方面的需要。

近年来，国家越来越重视保障和改善民生，税收"取之于民、用之于民、造福于民"的本质得到充分体现。以2010年为例，全国财政收入达到83 101.51亿元；全国财政支出89 874.16亿元，比上年增加13 574.23亿元，增长17.8%。2010年，党中央、国务院更加关注公共服务建设、关注基层、关注民生、关注区域经济的协调发展，财政支出结构得到进一步优化，重点支持了教育、医疗卫生、社会保障和就业、住房保障等民生方面的支出，加大了对"三农"的投入力度。教育支出达到12 550.02亿元，比上年增加2 112.48亿元，增长20.2%；医疗卫生支出4 804.18亿元，比上年增加809.99亿元，增长20.3%；社会保障和就业支出9 130.62亿元，比上年增加1 523.94亿元，增长20.0%；住房保障支出2 376.88亿元，比上年增加573.48亿元，增长31.8%；"三农"支出24 213.4亿元，比上年增加4 170.8亿元，增长20.8%(以上数据来自《2010年全国财政支出决算表》，财政部2011年7月20日发布)。

整个"十一五"时期，全国财政用于教育、医疗卫生、社会保障和就业、文化体育等方面的支出累计分别达到44 500亿元、14 900亿元、33 300亿元和5 600亿元，分别比"十五"时期增长1.6倍、2.6倍、1.3倍和1.4倍；中央财政用于"三农"的支出累计达到29 624亿元，年均增长23.6%；此外，中央累计安排保障性安居工程专项补助资金高达1 336亿元。

财政支出向民生领域的不断倾斜收到显著成效。在教育方面，全面实行了城乡免费义务教育。从2006年起，逐步将农村义务教育经费全面纳入公共财政保障范围，目前全国所有农村义务教育阶段约1.3亿中小学生，都实现了免费教育。从2008年起，免除城市义务教育阶段学生学杂费，目前全国共有2 900多万学生受益。同时，将普通高中家庭经济困难学生纳入国家资助政策体系，高校国家助学金平均资助标准由每生每年2 000元提高到3 000元。

在医疗卫生方面，逐步建立了覆盖城乡居民的基本医疗保障体系。2010年，国家基本药物制度覆盖到60%以上的政府办基层医疗卫生机构。新型农村合作医疗和城镇居民基本医疗保险的年人均财政补助标准由2006年的40元提高到2010年的120元。

在社会保障和就业方面，社会保障制度的覆盖面明显扩大，新型农村社会养老保险试点范围扩大到23%左右的县。支持实施积极的就业政策，城镇新增就业稳中有升。

在保障性住房建设方面，支持廉租房、棚户区改造、农村危房改造、少数民族游牧民定居工程建设，切实解决城乡低收入家庭的住房困难。“十一五”期间，通过保障性安居工程建设，解决了1 500万户城镇低收入家庭住房困难问题。

（资料来自国家税务总局网页）

一、学习准备

（一）知识准备

1.税收基本知识

（1）税收的概念

税收是政府为了满足公众需要，凭借政治权利，强制、无偿地取得财政收入的一种形式。

税收作为一种特殊的分配方式，其本质体现为以国家为主体，凭借政治权利对一部分社会产品或国民收入进行的分配而形成的特殊分配关系。

（2）税收的特征

税收与其他分配方式相比，具有强制性、无偿性和固定性的特征，习惯上称为税收的“三性”。

①强制性。税收的强制性是指税收是国家以社会管理者的身份，凭借政权力量，依据政治权力，通过颁布法律或政令来进行强制征收。负有纳税义务的社会集团和社会成员，都必须遵守国家强制性的税收法令，在国家税法规定的限度内，纳税人必须依法纳税，否则就要受到法律的制裁，这是税收具有法律地位的体现。

②无偿性。税收的无偿性是指通过征税，社会集团和社会成员的一部分收入转归国家所有，国家不向纳税人支付任何报酬或代价。税收这种无偿性是与国家凭借政治权力进行收入分配的本质相联系的。税收无偿性是税收的本质体现，它反映的是一种社会产品所有权、支配权的单方面转移关系，而不是等价交换关系。税收的无偿性是区分税收收入和其他财政收入形式的重要特征。

③固定性。税收的固定性是指税收是按照国家法令规定的标准征收的，即纳税人、课税对象、税目、税率、计价办法和期限等，都是税收法令预先规定了的，有一个比较稳定的试用期间，是一种固定的连续收入。对于税收预先规定的标准，征税和纳税双方都必须共同遵守，非经国家法令修订或调整，征纳双方都不得违背或改变这个固定的比例或数额以及其他制度规定。

税收的三个基本特征是统一的整体。其中，强制性是实现税收无偿征收的强有力保证，无偿性是税收本质的体现，固定性是强制性和无偿性的必然要求。

(3)税收分类

税收的分类

分类	名称	概念	主要税种
按课税对象	流转税	是以商品生产流转额和非生产流转额为课税对象征收的一类税收,是我国税制结构中的主体税类	包括增值税、消费税、营业税和关税等
	所得税	亦称收益税,是指以纳税人的各种所得额为课税对象征收的一类税收,也是我国税制结构中的主体税类	包括企业所得税、个人所得税等
	财产税	是指以纳税人所拥有或支配的特定财产为课税对象的一类税收	包括房产税、契税、车船税等
	行为税	也称特定目的税,是指国家为了实现特定目的,以纳税人的某些特定行为为课税对象的一类税收	城市维护建设税、车辆购置税等
	资源税	是指对在我国境内从事资源开发的单位和个人征收的一类税收	包括资源税、土地增值税、城镇土地使用税
按计算依据	从量税	是指以课税对象的数量(重量、面积、件数)为依据,按固定税额计征的一类税收	包括车船使用税、土地使用税、消费税中的啤酒等
	从价税	是指以课税对象的价格为依据,按一定比例计征的一类税收	包括增值税、营业税、企业所得税、个人所得税等
	复合税	是指对课税对象采用从价和从量相结合的计税方法征收的一类税收	我国现行的消费税中对卷烟、白酒等征收的消费税
按价格关系	价内税	指税款在应税商品价格内,作为商品价格一个组成部分的一类税收	消费税、营业税和关税等
	价外税	是指税款不在商品价格之内,不作为商品价格的一个组成部分的一类税收	增值税
按管理和使用权限	中央税	是指由中央政府征收和管理使用或由地方政府征收后全部划规中央政府所有并支配使用的一类税收	关税、消费税、车辆购置税等
	地方税	是指由地方政府征收、管理和支配的一类税收	城镇土地使用税、耕地占用税、土地增值税、房产税、车船税、契税等
	中央与地方共享税	是指税收的管理权和使用权属中央政府和地方政府共同拥有的一类税收	增值税、营业税、企业所得税和个人所得税等

2. 税收负担

(1)税收负担概述

由于税收是无偿的，是国家对纳税人所占有的社会商品或价值的无偿征收，因而，对纳税人来说，必然存在一个税收负担多少的问题。税收负担是指纳税人应履行纳税义务而承受的一种经济负担。税收负担是国家税收政策的核心。

税收负担，从绝对额考察它是指纳税人应支付给国家的税款额；从相对额考察，它是指税收负担率，即纳税人的应纳税额与其计税依据价值的比率，这个比率通常被用来比较各类纳税人或各类课税对象的税收负担水平的高低，因而是国家研究制定和调整税收政策的重要依据。任何一项税收政策首先要考虑的，就是税收负担的高低。税负水平定低了，会影响国家财政收入；定高了，又会挫伤纳税人的积极性，妨碍社会生产力的提高。一般说来，税收负担水平的确定既要考虑政府的财政需要，又要考虑纳税人的实际负担能力。

税收负担直接关系到国家与纳税人及各纳税人之间的分配关系，国家向纳税人征税，不仅改变了纳税人占有和支配的社会产品总量，也会改变各个纳税人之间占有和支配的社会产品比例，由此形成国家同纳税人及各纳税人之间的税收分配关系，它是社会产品分配关系的重要组成部分。税收负担关系到国民经济持续、快速、协调发展的问题，国家税收最终总是由所有纳税人来承担的。在一定经济发展水平下，经济体系的税收负担能力是有一定限度的。税收负担超越了经济的承受能力，就会损害国民经济的健康发展。因此，税收负担应该保持在经济的承受能力范围以内。从一定意义上讲，税收制度的设计问题，也就是税收负担的设计问题。在确定税收负担时，应该严格遵守合理负担、公平税负的原则。

(2)税收负担的影响因素

由于税收负担必须考虑需要和可能两方面的情况，因此，一个国家在制订税收政策，确定总体税收负担时，必须综合考虑国家的总体经济发展水平，并根据不同的经济调控需要，来制定税收负担政策。一般来看，影响税收负担水平的主要因素有：

①社会经济发展水平。一个国家的社会经济发展总体水平，可以通过国民生产总值和人均国民生产总值这两个综合指标来反映。国家的国民生产总值越大，总体负担能力越高。特别是人均国民生产总值，最能反映国民的税收负担能力。一般而言，在人均国民收入比较高的国家，社会经济的税负承受力较强。世界银行的调查资料也表明，人均国民生产总值较高的国家，其税收负担率也较高，人均国民生产总值较低的国家，其税收负担率也较低。

我国人均国民生产总值比较低，属于发展中国家。国家通过税收能够积累多少资金，社会总体税收负担应如何确定，不取决于人们的主观愿望，也不能只考虑国家的需要,必须首先考虑社会经济体系和纳税人承受能力。只有税收负担适应本国经济发展水平和纳税人的承受能力,税收才能在取得所需的财政收入的同时,刺激经济增长,同时提高社会未来的税负承受力。如果税收负担超出了经济发展水平,势必会阻碍社会经济的发展。

②国家的宏观经济政策。任何国家为了发展经济,必须综合运用各种经济、法律以及行政手段,来强化宏观调控体系。国家会根据不同的经济情况,而采取不同的税收负担政策。如在经济发展速度过快过热时,需要适当提高社会总体税负,以使国家集中较多的收入,减少企业和个人的收入存量,抑制需求的膨胀,使之与社会供给总量相适应。此外,还要根据经济情况的发展变化,在征收中实行某些必要的倾斜政策和区别对待办法,以利于优化经济结构和资源配置。

目前,我国经济过于紧缩,需求严重不足。从1998年开始,国家采取了积极的财政政策,适当扩大了财政支出的规模,税收的总体负担短期内不会减少,但会通过费改税,对纳税人的总体负担进行结构调整,减少纳税人负担各种收费的比例,增加税收的比例,以达到增加税收收入的需要。

③税收征收管理能力。由于税收是由国家无偿征收的,税收征纳矛盾比较突出。因此,一个国家的税收征收管理能力,有时也对税收负担的确定有较大的影响。一些国家的税收征收管理能力强,在制定税收负担政策时,就可以根据社会经济发展的需要来确定,而不必考虑能否将税收征上来。而在一些税收征管能力较差的国家,可选择的税种有限,勉强开征一些税种,也很难保证税收收入,想提高税收负担也较困难。

税收政策的核心是税收负担。在税收总体负担确定的情况下,各种纳税人具体的税收负担状况主要受税制本身所规定的各种计税要素的影响。这些要素直接决定了谁是纳税人,应该负担多少税收。

(3)税收负担的转嫁

税收负担转嫁,简称“税负转嫁”。指税收负担从纳税人那里转移到他人身上的现象。换句话说,税收负担转嫁是指纳税人把自己缴纳的税收转移给别人负担的过程。税收负担有广义和狭义之分。广义的税负转嫁包括税负转移和最终归宿两个部分。狭义的税负转嫁仅指纳税人把税收负担转移给负税人的过程。

税负转嫁的主要手段是变动价格。向前转嫁主要通过提高商品的销售价格,向后转嫁主要通过降低各生产要素价格,包括降低劳动者工资等。

(二)资料准备

1.利用现有的图书馆以及报刊杂志等,查找有关税收资料;

2.利用现有的电脑、网站等网络环境条件,查找有关税收基本内容方面资料。

二、设计与实施

【学习任务设计】

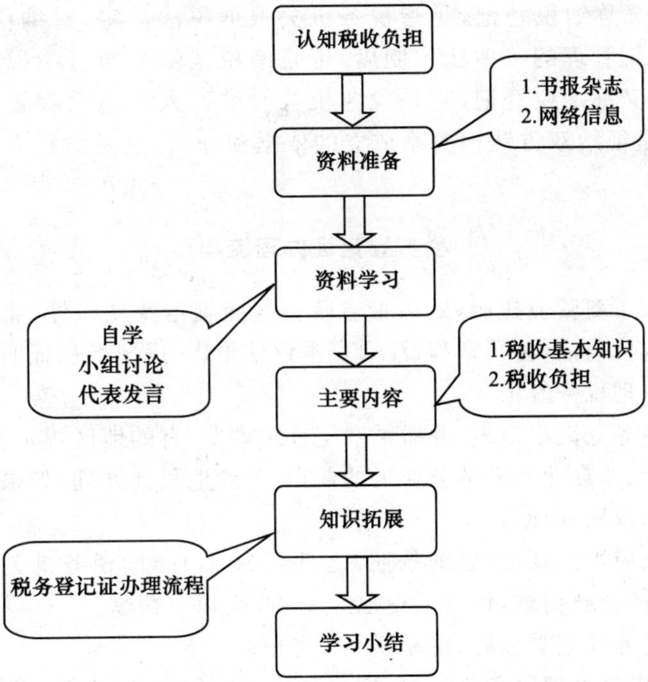

【学习任务实施】

在学生调查研究的基础上，通过头脑风暴法扩大学习成果，并集中集体智慧完成一份较好的综合性的“×××农村的税收负担的专题调研报告”，每组选一个代表，在全班讲解小组的“专题调研报告”的形成、思路、学习收获，组员补充收获的内容；教师组织发动全班同学讨论、评价各小组的学习情况，达到全班同学共享学习资源和收获体会，巩固所学的知识内容。

关于×××农村税收负担的调研报告

前言：介绍本次税收负担调查的缘由、目的、时间、地点、范围和方式等；

主体内容：基本概况、突出问题等；

结尾：分析问题、解决问题等。

三、知识拓展——税务登记证办理流程

(一)概念

税务登记又称纳税登记，是指税务机关根据税法规定，对纳税人的生产、经营活动进行登记管理的一项法定制度，也是纳税人依法履行纳税义务的法定手续。税务登记又称纳税登记，它是税务机关对纳税人实施税收管理的首要环节和基础工作，是征纳双方法律关系成立的依据和证明，也是纳税人必须依法履行的义务。

税务登记证办理流程

(1)先办理工商营业执照，然后带着营业执照副本及复印件，业主身份证及复印件，组织机构代码证，公司章程、注册资本评估报告，房屋产权证明或房屋租赁合同，到税务局办理税务登记。

(2)填写税务登记申请表，并缴纳登记证工本费(有的地区规定免缴)。如果是服务业、建筑业、饮食业等缴纳营业税的业户，要到地税局办理；如果是缴纳增值税的业户，要到国税局办理

(3)纳税人应当自领取《营业执照》之日起 30 日内，向税务机关申报办理税务记。逾期办理的会被罚款，税法上规定是 2 000 元以下罚款。

(4)办理税务登记受理后，主动联系税务管理人员。

纳税人在申报办理税务登记时，应当如实填写税务登记表。税务登记表的主要内容包括：

①单位名称、法定代表人或者业主姓名及其居民身份证、护照或者其他合法证件的号码；

②住所、经营地点；

③登记类型；

④核算方式；

⑤生产经营方式；

⑥生产经营范围；

⑦注册资金(资本)、投资总额；

⑧生产经营期限；

⑨财务负责人、联系电话；

⑩国家税务总局确定的其他有关事项。

分别到当地国税局、地税局办理，大部分纳税人在国税、地税都要办理税务登记证。

税务登记的种类分为设立税务登记、变更税务登记和注销税务登记三种。

税务登记是整个税收征收管理的起点。

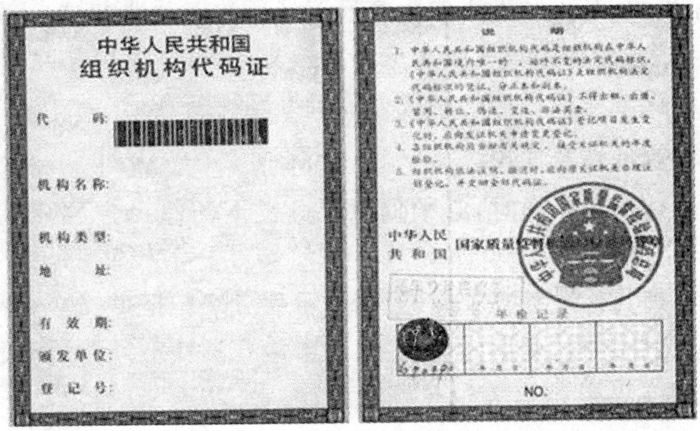

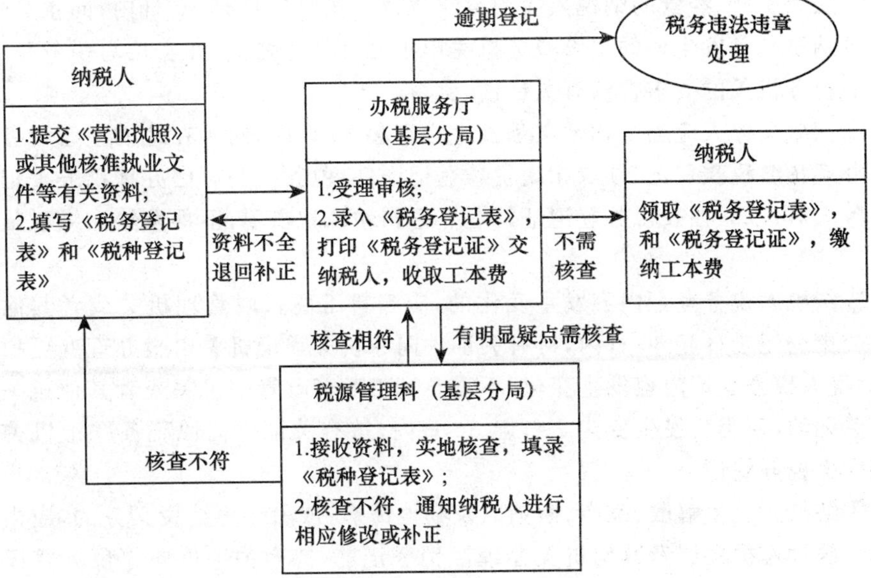

（图片来自中华会计网校）

税务登记证办理(国税与地税分别办理)流程

(二)税务登记范围:纳税人、扣缴义务人

①从事生产、经营的纳税人:企业,企业在外地设立的分支机构和从事生产、经营的场所,个体工商户和从事生产、经营的事业单位;

②非从事生产经营但依照规定负有纳税义务的单位和个人:前款规定以外的纳税人,除国家机关、个人和无固定生产经营场所的流动性农村小商贩外;

③扣缴义务人:负有扣缴税款义务的扣缴义务人(国家机关除外),应当办理扣缴税款登记。享受减免税待遇的纳税人需要办理税务登记。

(三)税务登记证件及使用

①纳税人办理下列事项时,必须提供税务登记证件:a. 开立银行账户;b. 领购发票。

②纳税人办理其他税务事项时,应当出示税务登记证件:a. 申请减税、免税、退税;b. 申请办理延期申报、延期缴纳税款;c. 申请开具外出经营活动税收管理证明;d. 办理停业、歇业;e. 其他有关税务事项。

(四)期限

①从事生产、经营的纳税人应当自领取营业执照之日起30日内,向生产、经营地或者纳税义务发生地的主管税务机关申报办理税务登记,如实填写税务登记表,并按照税务机关的要求提供有关证件、资料。

②扣缴义务人应当自扣缴义务发生之日起30日内,向所在地的主管税务机关申报办理扣缴税款登记,领取扣缴税款登记证件;税务机关对已办理税务登记的扣缴义务人,可以只在其税务登记证件上登记扣缴税款事项,不再发给扣缴税款登记证件。

③纳税人税务登记内容发生变化的,应当自工商行政管理机关或者其他机关办理变更登记之日起30日内,持有关证件向原税务登记机关申报办理变更税务登记;纳税人税务登记内容发生变化,不需要到工商行政管理机关或者其他机关办理变更登记的,应当自发生变化之日起30日内,持有关证件向原税务登记机关申报办理变更税务登记。

④纳税人发生解散、破产、撤销以及其他情形,依法终止纳税义务的,应当在向工商行政管理机关或者其他机关办理注销登记前,持有关证件向原税务登记机关申报办理注销税务登记;按照规定不需要在工商行政管理机关或者其他机关办理注册登记的,自有关机关批准或者宣告终止之日起15日内,持有关证件向原税务登记机关申报办理注销税务登记。

⑤纳税人因住所、经营地点变动,涉及改变税务登记机关的,应当在向工商行

政管理机关或者其他机关申请办理变更或者注销登记前或者住所、经营地点变动前，应向原税务登记机关申报办理注销税务登记，并在 30 日内向迁达地税务机关申报办理税务登记。

⑥纳税人被工商行政管理机关吊销营业执照或者被其他机关予以撤销登记的，必须自营业执照被吊销或者被撤销登记之日算起 15 日内，向原税务登记机关申报办理注销税务登记；纳税人在办理注销税务登记前，应当向税务机关结清应纳税款、滞纳金、罚款，缴销发票、税务登记证件和其他税务证件。

⑦从事生产、经营的纳税人外出经营，在同一地累计超过 180 天的，应当在营业地办理税务登记手续。

(五)主要用途

除按照规定不需要发给税务登记证件的外，纳税人办理下列事项时，必须持税务登记证件：

①开立银行基本账户；

②申请减税、免税、退税；

③申请办理延期申报、延期缴纳税款；

④领购发票；

⑤申请开具外出经营活动税收管理证明；

⑥办理停业、歇业；

⑦其他有关税务事项。

任务二 税收征收管理

相关链接

国务院税务主管部门主管全国税收征收管理工作。各地国家税务局和地方税务局应当按照国务院规定的税收征收管理范围分别进行征收管理。

地方各级人民政府应当依法加强对本行政区域内税收征收管理工作的领导或者协调，支持税务机关依法执行职务，依照法定税率计算税额，依法征收税款。

各有关部门和单位应当支持、协助税务机关依法执行职务。

税务机关依法执行职务，任何单位和个人不得阻挠。

（摘自《中华人民共和国税收征收管理法》第一章第五条）

一、学习准备

(一)知识准备

1. 税收制度及构成要素

(1)税收制度概念

简称"税制",它是国家以法律或法令形式确定的各种课税办法的总和,反映国家与纳税人之间的经济关系,是国家财政制度的主要内容。是国家以法律形式规定的各种税收法令和征收管理办法的总称。一个国家制定什么样的税收制度,是生产力发展水平、生产关系性质、经济管理体制以及税收应发挥的作用决定的。不同社会制度或同一社会制度的不同历史发展时期,税收制度是不相同的或不完全相同的。符合客观经济规律的税收制度对生产力的发展可以起促进作用,而违反客观经济规律要求的税收制度会阻碍社会生产力的发展。

(2)税收制度的构成要素

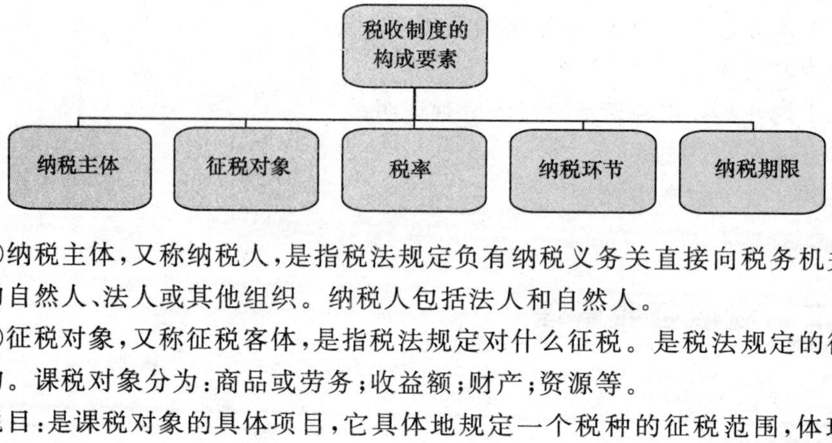

①纳税主体,又称纳税人,是指税法规定负有纳税义务关直接向税务机关缴纳税款的自然人、法人或其他组织。纳税人包括法人和自然人。

②征税对象,又称征税客体,是指税法规定对什么征税。是税法规定的征税的目的物。课税对象分为:商品或劳务;收益额;财产;资源等。

税目:是课税对象的具体项目,它具体地规定一个税种的征税范围,体现了征税的度。

计税依据:是指课税对象的计量单位和征收标准。分为从量税和从价税。从量税是以课税对象的实物形态为计税单位;从价税是以课税对象的价值形态为计税单位。

③税率,这是应纳税额与征税对象之间的比例,是计算应纳税额的尺度,反映了征税的程度。税率有比例税率、累进税率(全额累进与超额累进)和定额税率三种基本形式。比例税率是指应纳税额与课税对象数量之间的等比关系;累进税率是随征税对象数额增大而提高的税率;定额税率是对单位征税对象规定一个固定

税额，而不是规定一个征收比例。

④纳税环节，是指商品在整个流转过程中按照税法规定应当缴纳税款的阶段。分为一次课征制，两次课征制；多次课征制。

⑤纳税期限，是税法规定的纳税主体向税务机关缴纳税款的具体时间。一般的按次与按期征收两种。

⑥纳税地点，是指缴纳税款的地方。一般是为纳税人的住所地，也有规定在营业发生地。

⑦税收优惠，是指税法对某些特定的纳税人或征税对象给予免除部分或全部纳税义务的规定。从目的上讲有照顾性与鼓励性两种。

⑧违章处理，是对纳税人违反税法行为所采取的教育处罚措施，它体现了税收的强制性是保证税法正确贯彻执行、严肃纳税纪律的重要手段。

2. 开业登记

从事生产、经营的纳税人应当自领取营业执照之日起30日内，向生产、经营地或者纳税义务发生地的主管税务机关申报办理税务登记，如实填写税务登记表，并按照税务机关的要求提供有关证件、资料。

前款规定以外的纳税人，除国家机关和个人外，应当自纳税义务发生之日起30日内，持有关证件向所在地的主管税务机关申报办理税务登记。

个人所得税的纳税人办理税务登记的办法由国务院另行规定。

摘自《中华人民共和国税收征收管理法实施细则》

3. 纳税申报

①直接申报；

②数据电文申报；

③邮寄申报；

④简易申报；

⑤其他方式。

纳税人在纳税期内没有应纳税款的，也应当按照规定办理纳税申报。

纳税人享受减税、免税待遇的，在减税、免税期间应当按照规定办理纳税申报。

纳税人办理纳税申报时，应当如实填写纳税申报表，并根据不同的情况相应报送下列有关证件、资料：

①财务会计报表及其说明材料；

②与纳税有关的合同、协议书及凭证；

③税控装置的电子报税资料；

④外出经营活动税收管理证明和异地完税凭证；

⑤境内或者境外公证机构出具的有关证明文件；

⑥税务机关规定应当报送的其他有关证件、资料。

(二)资料准备

1. 利用现有的图书馆以及报刊杂志等，查找有关税收征管资料；

2. 利用现有的电脑、网站等网络环境条件，查找有关税收征管基本内容方面资料。

二、设计与实施

【学习任务设计】

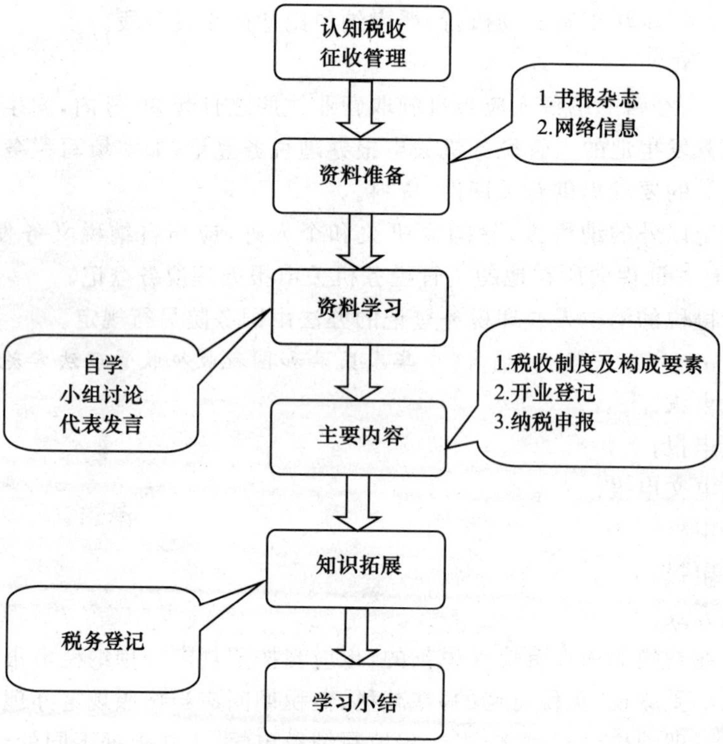

【学习任务实施】

(1)安排学生课前预习税务登记资料。

(2)在教师的指导下，通过多种信息渠道查询资料。

(3)分成若干小组，每组选一个代表，在全班讲解小组的学习路径、学习收获，组员补充收获的内容；教师组织发动全班同学讨论、评价各小组的学习情况，达到全班同学共享学习资源和收获体会，巩固所学的知识内容。

三、知识拓展——税务登记

（一）变更登记

纳税人税务登记内容发生变化的，应当自工商行政管理机关或者其他机关办理变更登记之日起 30 日内，持有关证件向原税务登记机关申报办理变更税务登记。

纳税人税务登记内容发生变化，不需要到工商行政管理机关或者其他机关办理变更登记的，应当自发生变化之日起 30 日内，持有关证件向原税务登记机关申报办理变更税务登记。

（二）注销登记

纳税人发生解散、破产、撤销以及其他情形，依法终止纳税义务的，应当在向工商行政管理机关或者其他机关办理注销登记前，持有关证件向原税务登记机关申报办理注销税务登记；按照规定不需要在工商行政管理机关或者其他机关办理注册登记的，应当自有关机关批准或者宣告终止之日起 15 日内，持有关证件向原税务登记机关申报办理注销税务登记。

纳税人因住所、经营地点变动，涉及改变税务登记机关的，应当在向工商行政管理机关或者其他机关申请办理变更或者注销登记前或者住所、经营地点变动前，向原税务登记机关申报办理注销税务登记，并在 30 日内向迁达地税务机关申报办理税务登记。

纳税人被工商行政管理机关吊销营业执照或者被其他机关予以撤销登记的，应当自营业执照被吊销或者被撤销登记之日起 15 日内，向原税务登记机关申报办理注销税务登记。

纳税人在办理注销税务登记前，应当向税务机关结清应纳税款、滞纳金、罚款，缴销发票、税务登记证件和其他税务证件。

从事生产、经营的纳税人应当自开立基本存款账户或者其他存款账户之日起 15 日内，向主管税务机关书面报告其全部账号；发生变化的，应当自变化之日起 15 日内，向主管税务机关书面报告。

除按照规定不需要发给税务登记证件的外，纳税人办理下列事项时，必须持税务登记证件：

①开立银行账户；

②申请减税、免税、退税；

③申请办理延期申报、延期缴纳税款；

④领购发票；

⑤申请开具外出经营活动税收管理证明；

⑥办理停业、歇业；

⑦其他有关税务事项。

税务机关对税务登记证件实行定期验证和换证制度。纳税人应当在规定的期限内持有关证件到主管税务机关办理验证或者换证手续。

纳税人应当将税务登记证件正本在其生产、经营场所或者办公场所公开悬挂，接受税务机关检查。

纳税人遗失税务登记证件的，应当在15日内书面报告主管税务机关，并登报声明作废。

(三)外出经营报验登记

从事生产、经营的纳税人到外县(市)临时从事生产、经营活动的，应当持税务登记证副本和所在地税务机关填开的外出经营活动税收管理证明，向营业地税务机关报验登记，接受税务管理。

从事生产、经营的纳税人外出经营，在同一地累计超过180天的，应当在营业地办理税务登记手续。

(四)登记流程

设立税务登记是指，企业、包括企业在外地设立分支机构或从事生产、经营场所；个体工商户；从事生产、经营的事业单位(以下统称从事生产、经营的纳税人)，向生产、经营所在地税务机关申报办理税务登记的活动。

①从事生产、经营的纳税人领取工商营业执照(含临时工商营业执照)的。应当自领取工商营业执照之日起30日内申报办理设立税务登记，税务机关核发税务登记证及副本(纳税人领取临时工商营业执照的，税务机关核发临时税务登记证及副本)；

②从事生产、经营的纳税人未办理工商营业执照但经有关部门批准设立的。应当自有关部门批准设立之日起30日内申报办理税务登记，税务机关核发税务登记证及副本；

③从事生产、经营的纳税人未办理工商营业执照也未经有关部门批准设立的。应当自纳税义务发生之日起30日内申报办理设立税务登记，税务机关核发临时税务登记证及副本；

④有独立生产经营权、在财务上独立核算并定期向发包人或者出租人上交承

包费或租金的承包承租人，应当自承包承租合同签订之日起30日内，向其承包承租业务发生地税务机关申报办理设立税务登记，税务机关核发临时税务登记证及副本；

⑤从事生产、经营的纳税人外出经营，自其在同一县(市)实际经营或提供劳务之日起，在连续的12个月内累计超过180天的，应当自期满之日起30日内，向生产、经营所在地税务机关申报办理设立税务登记，税务机关核发临时税务登记证及副本；

⑥境外企业在中国境内承包建筑、安装、装配、勘探工程和提供劳务的，应当自项目合同或协议签订之日起30日内，向项目所在地税务机关申报办理设立税务登记，税务机关核发临时税务登记证及副本。

上述以外的其他纳税人，除国家机关、个人和无固定生产、经营场所的流动性农村小商贩外，均应当自纳税义务发生之日起30日内，向纳税义务发生地税务机关申报办理税务登记，税务机关核发税务登记证及副本。

四、综合评价

(一)教师评价

1. 对整个学习内容的归纳；
2. 对学习过程的总体评价。

(二)学生评价

1. 对教师授课效果的评价；
2. 对学习效果的评价。

模块三　流转税

项目四　增值税

项目五　消费税

项目六　营业税

项目四　增值税

【项目目标】

完成本项目学习任务后，你应该能

1. 理解增值税的概念，理解增值税的征收范围；
2. 掌握增值税的纳税人；
3. 熟悉增值税的税率；
4. 知晓增值税的计算。

【项目任务描述】

增值税是目前我国流转税中的一种主要税种。通过教师组织引导，学生听课、自学、讨论和案例分析等，理解增值税的概念、征收范围；掌握增值税的纳税人；熟悉增值税的税率。通过本项目的学习，激发学生的学习兴趣，并树立依法纳税意识。

【案例】　2014年4月，合肥市国税局第二稽查局在对巢湖市水泥行业企业的税收专项整治中，稽查人员通过技术手段进行信息分析比对，发现巢湖市某水泥企业开具的300余份增值税专用发票中，仅购货方纳税人识别号以“310”开头的占242份，含税金额达2 477.21万元。根据水泥销售半径大致为200余公里的行业特点，凭借职业敏感，这些销往外省的增值税专票令稽查人员陡然生疑。也正是凭借这种敏锐的职业敏感，最终“牵”出公安部、安徽省国税局“双督办”特大虚开增值税专用发票系列案件。

经查，自2011年起，上海一倒卖增值税专用发票犯罪团伙，伙同巢湖犯罪嫌疑人王某起等专票“掮客”，勾结巢湖水泥贩子，通过张冠李戴手法，进行偷梁换柱，非法套取增值税专用发票，以牟取暴利。犯罪嫌疑人王某起落网后，沪皖两地联手，起获大量充实关键证据。截至目前，公安机关采取强制措施共24人，涉案金额4.27亿元，增值税专用发票2 056份，涉及巢湖开票企业12户，上海受票企业105户。王某起等嫌疑人将会受到什么惩罚？

【分析】　王某起等嫌疑人已经触犯了刑法。

虚开增值税专用发票或者虚开用于骗取出口退税、抵扣税款的其他发票，是指有为他人虚开、为自己虚开、让他人为自己虚开、介绍他人虚开行为之一的，根据《中华人民共和国刑法》第二百零五条，虚开增值税专用发票或者虚开用于骗取出口退税、抵扣税款的其他发票的，处三年以下有期徒刑或者拘役，并处二万元以上二十万元以下罚金；虚开的税款数额较大或者有其他严重情节的，处三年以上十年以下有期徒刑，并处五万元以上五十万元以下罚金；虚开的税款数额巨大或者有其他特别严重情节的，处十年以上有期徒刑或者无期徒刑，并处五万元以上五十万元以下罚金或者没收财产。

《刑法》还规定，有前款行为骗取国家税款，数额特别巨大，情节特别严重，给国家利益造成特别重大损失的，处无期徒刑或者死刑，并处没收财产。虚开本法第二百零五条规定以外的其他发票，情节严重的，处二年以下有期徒刑、拘役或者管制，并处罚金；情节特别严重的，处二年以上七年以下有期徒刑，并处罚金。

(资料来自中国会计网)

任务一　增值税应纳税额的计算

一、学习准备

(一)知识准备

1. 增值税的基本知识

(1)增值税的概念

增值税是对在我国销售货物或者提供加工、修理修配劳务以及进口货物的单位和个人，就其货物销售或提供劳务实现的增值额和货物进口金额为计税依据而征收的一种流转税。

(2)增值税的征税范围

①销售或进口的货物。货物是指有形动产，包括电力、热力、气体等，不包括不动产。销售货物是指有偿转让货物的所有权。

②提供的加工、修理修配劳务。加工是指受托加工货物，即委托方提供原料及主要材料，受托方按照委托方的要求制造货物并收取加工费的业务；修理修配是指受托对损伤和丧失功能的货物进行修复，使其恢复原状和功能的业务。

③提供的应税服务。

(3)增值税的纳税人

在我国境内销售、进口货物或提供加工、修理、修配劳务以及应税服务的单位和个人，为增值税纳税人。《中华人民共和国增值税暂行条例》将纳税人按其经营规模大小以及会计核算是否健全划分为一般纳税人和小规模纳税人。

(4)增值税的税率

①小规模纳税人增值税的征收率为3%。

②一般纳税人增值税的税率是：17%；低税率13%；出口货物：适用零税率。

营业税改征增值税试点的主要税制安排为：

在现行增值税17%标准税率和13%低税率基础上，新增11%和6%两档低税率。租赁有形动产等适用17%税率；交通运输业、建筑业等适用11%税率；其他部分现代服务业适用6%税率。简易征收一般纳税人：以销售情况定4%、6%。

营改增后的增值税税目税率表

<table>
<tr><td rowspan="2">小规模纳税人</td><td colspan="2">包括原增值税纳税人和营改增纳税人</td><td rowspan="2">征收率3%</td></tr>
<tr><td colspan="2">从事货物销售，提供增值税加工、修理修配劳务以及营改增各项应税服务</td></tr>
<tr><td rowspan="20">一般纳税人</td><td colspan="2">原增值税纳税人</td><td>税率</td></tr>
<tr><td colspan="2">销售或者进口货物(另有列举的货物除外)；提供加工、修理修配劳务</td><td>17%</td></tr>
<tr><td colspan="2">粮食、食用植物油、鲜奶</td><td rowspan="6">13%</td></tr>
<tr><td colspan="2">自来水、暖气、冷气、热气、煤气、石油液化气、天然气、沼气，居民用煤炭制品</td></tr>
<tr><td colspan="2">图书、报纸、杂志</td></tr>
<tr><td colspan="2">饲料、化肥、农药、农机(整机)、农膜</td></tr>
<tr><td colspan="2">国务院规定的其他货物</td></tr>
<tr><td colspan="2">农产品(指各种动、植物初级产品)；音像制品；电子出版物；二甲醚</td></tr>
<tr><td colspan="2">出口货物</td><td>0%</td></tr>
<tr><td colspan="2">营改增试点增值税纳税人</td><td>税率</td></tr>
<tr><td>交通运输业</td><td>陆路(含铁路)运输、铁路运输、航空运输和管道运输服务</td><td>11%</td></tr>
<tr><td>邮政业</td><td>邮政普遍服务、邮政特殊服务、其他邮政服务</td><td>11%</td></tr>
<tr><td rowspan="8">现代服务业</td><td>研发和技术服务</td><td rowspan="6">6%</td></tr>
<tr><td>信息技术服务</td></tr>
<tr><td>文化创意服务</td></tr>
<tr><td>物流辅助服务</td></tr>
<tr><td>鉴证咨询服务</td></tr>
<tr><td>广播影视服务</td></tr>
<tr><td>有形动产租赁服务</td><td>17%</td></tr>
<tr><td>财政部和税务总局规定的应税服务</td><td>0%</td></tr>
<tr><td rowspan="4">纳税人</td><td colspan="2">境内单位和个人提供的往返香港、澳门、台湾的交通运输服务</td><td>0%</td></tr>
<tr><td colspan="2">境内单位和个人往返在香港、澳门、台湾提供的交通运输服务</td><td rowspan="2">0%</td></tr>
<tr><td colspan="2">境内单位和个人提供的国际运输服务、向境外单位提供的研发服务和设计服务</td></tr>
<tr><td colspan="2">境内单位和个人提供的规定的涉外应税服务</td><td>免税</td></tr>
</table>

2. 一般纳税人应纳增值税额的计算

一般纳税人应纳增值税额的计算公式如下：

本期应纳税额＝本期销项税额－本期进项税额

其中：销项税额＝不含税销售额×适用税率

不含税销售额＝含税销售额÷(1＋增值税税率)

一般购进货物“进项税额”的核算

企业购入货物或接受应税劳务必须具备以下凭证，其进项税额才能予以抵扣：

①取得并保存增值税专用发票。

②进口货物的完税凭证。

③企业购进免税农产品，按照税务机关批准的收购凭证上注明的价款或收购金额的一定比率计算进项税额，并以此作为扣税和记账的依据。

④购进货物以及在生产经营过程中支付的运输费用，按照运输费用结算单据上注明的运输费用金额和7%的扣除率计算进项税额。

进项税额＝运输费用金额×扣除率

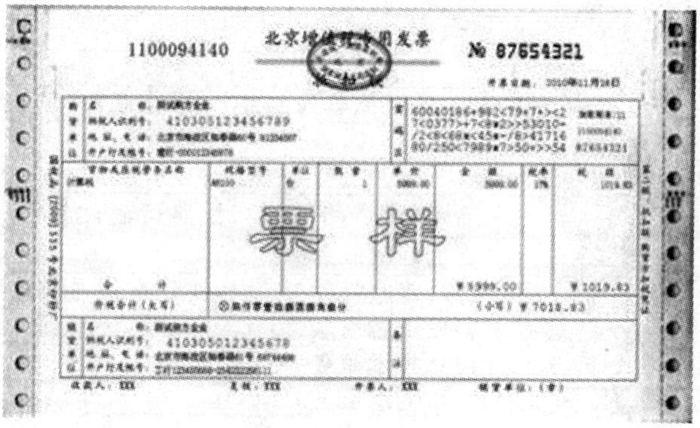

3. 小规模纳税人应交增值税额的计算

(1)小规模纳税人的特点

小规模纳税人，是指年销售额在规定标准以下，并且会计核算不健全，不能按规定报送有关税务资料的增值税纳税人。所称会计核算不健全是指不能正确核算增值税的销项税额、进项税额和应纳税额。

小规模纳税人销售货物或提供应税劳务时，只能开具普通发票，不能开具增值税专用发票。小规模纳税企业不享有进项税额的抵扣权，其购进货物或接受应税劳务支付的增值税额直接计入有关货物或劳务的成本。

(2)小规模纳税人应交增值税额的计算

小规模纳税人增值税的计算采用简易办法，即：销售货物或提供应税劳务实行按照销售额和征收率计算应纳税额，并且不得抵扣进项税额。

其计算公式为：本期应纳税额＝本期含税销售额÷(1＋征收率)×征收率

(二)资料准备

1.利用现有的图书馆以及报刊杂志等，查找有关增值税计算的信息资料；

2.利用现有的电脑、网站等网络环境条件，查找有关增值税计算方面信息资料。

二、设计与实施

【学习任务设计】

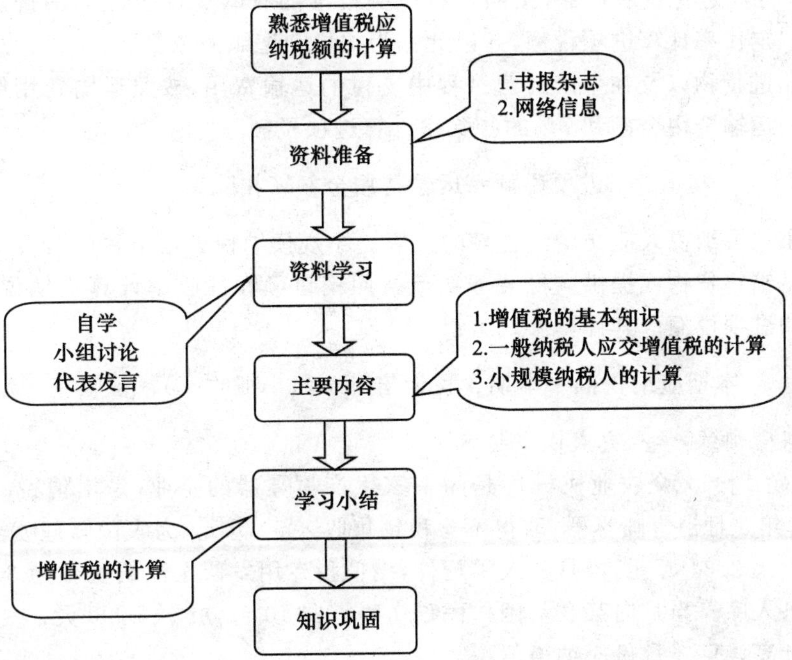

【学习任务实施】

1.课前准备

在老师指导下，学生课前查询相关增值税的概念、征税范围、纳税人等基本知识。

2.课堂上

(1)分成若干小组，每组选一个代表发言，组员进行补充；教师组织讨论并评价各小组的学习情况。

(2)共同探讨增值税的计算。

①一般纳税人应纳增值税额的计算。一般纳税人应纳增值税额的计算公式如下：

本期应纳税额＝本期销项税额－本期进项税额

其中：销项税额 ＝不含税销售额×适用税率

不含税销售额＝含税销售额÷(1＋增值税税率)

一般购进货物“进项税额”的核算：企业购入货物或接受应税劳务必须具备以下凭证，其进项税额才能予以抵扣：

a. 取得并保存增值税专用发票；

b. 进口货物的完税凭证；

c. 企业购进免税农产品，按照税务机关批准的收购凭证上注明的价款或收购金额的一定比率计算进项税额，并以此作为扣税和记账的依据。

d. 购进货物以及在生产经营过程中支付的运输费用，按照运输费用结算单据上注明的运输费用金额和7%的扣除率计算进项税额。

进项税额＝运输费用金额×扣除率

②小规模纳税人应交增值税额的计算。小规模纳税人增值税的计算采用简易办法，即：销售货物或提供应税劳务实行按照销售额和征收率计算应纳税额，并且不得抵扣进项税额。其计算公式为：

本期应纳税额＝本期含税销售额÷(1＋征收率)×征收率

3. 课堂训练：学生完成以下练习

[习题1] 大众农业机械厂是为一家生产喷雾器的企业，是增值税一般纳税人，2014年3月销售喷雾器，取得不含税销售收入50万元，为农民修理喷雾器取得修理费收入2.34万元，当月购入零配件，增值税专用发票上注明税款为3.4万元，零配件已入库。当月向某乡贫困村民赠送喷雾器10台，成本5 000元。

试计算该厂3月份应纳增值税额。

[习题2] 某企业为增值税一般纳税人，2014年5月外购货物50万元，增值税专用发票注明税款为8.5万元，当月销售货物不含税销售额40万元；当月外购货物20万元，增值税专用发票注明税款为3.4万元，当月销售货物取得不含税收入70万元，销售货物均适用17%的增值税税率。

请计算该企业2014年5月、6月应纳增值税额。

[习题3] 某家电公司某月取得专用发票上注明的进项税额为8 000元，2014

年6月发生如下经济业务：

①向当地举办的田径运动会赠送5套音响设备，每套市场零售价格5 000元；

②公司促销开办以旧换新业务，回收旧电视机50台，折价每台300元；换出的新电视机也是50台，市场零售价格为2 500元；

③家电公司欠甲公司货款30 000元，当月甲公司向家电公司购买40台录音机，每台不含税价款为1 000元，甲公司打算把30 000元欠款从这笔款里扣除。取得的法定扣税凭证已通过主管税务机关的认证。

请计算家电公司当月应纳增值税额。

[**习题4**] 某农机生产企业为增值税一般纳税人，2014年8月发生下列部分业务：

①该企业向各地农机销售公司销售农机产品。开具的增值税专用发票上注明金额500万元；

②向各地农机修配站销售农机零配件，取得含税收入90万元；

③购进钢材等材料取得的增值税专用发票上注明税额59.5万元；

④取得的货物运输业发票上注明运费3万元。

取得的发票均已在当月通过主管税务机关认证或比对。

请计算该企业当月应纳增值税。

[**习题5**] 某超市为增值税小规模纳税人。2010年2月，该超市取得货物零售收入120 000元；向福利院捐赠部分外购商品，捐赠商品的买价为4 200元，售价为5 000元；向职工发放部分外购商品，发放商品的买价为3 000元，售价为3 700元；销售已经使用1年的冰柜一台取得收入1 400元，该冰柜原购进价2 200元。

计算该超市当月应纳的增值税额。

三、知识巩固

一般纳税人和小规模纳税人如何计算应交增值税额？

任务二 增值税的征收管理

一、学习准备

(一)知识准备

1. 纳税义务发生时间

①纳税人销售货物或者应税劳务，其纳税义务发生时间为收讫销售款项或者

取得索取销售款项凭据的当天;先开具发票的,为开具发票的当天。按销售结算方式的不同分别确定。

②纳税人进口货物,其纳税义务发生时间为报关进口的当天。

③增值税扣缴义务发生时间为纳税人增值税纳税义务发生的当天。

2.纳税地点

①固定业户应当向其机构所在地的主管税务机关申报纳税。

②非固定业户销售货物或者应税劳务,应当向销售地或者劳务发生地的主管税务机关申报纳税;未向销售地或者劳务发生地的主管税务机关申报纳税的,由其机构所在地或者居住地的主管税务机关补征税款。

③进口货物,应当向报关地海关申报纳税。

④扣缴义务人应当向其机构所在地或者居住地的主管税务机关申报缴纳其扣缴的税款。

3.纳税期限

纳税人以1个月或者1个季度为1个纳税期的,自期满之日起15日内申报纳税;以1日、3日、5日、10日或者15日为1个纳税期的,自期满之日起5日内预缴税款,于次月1日起15日内申报纳税并结清上月应纳税款。

纳税人进口货物,应当白海关填发进口增值税专用缴款书之日起15日内缴纳税款。

4.优惠减免

根据财税[2008]81号文件规定,对农民专业合作社有以下几项税收政策:

①对农民专业合作社销售本社成员生产的农业产品,视同农业生产者销售自产农业产品免征增值税。这里有一个条件,农业产品必须是“本社成员生产的”,否则就不能享受免征增值税优惠。

②增值税一般纳税人从农民专业合作社购进的免税农业产品,可按13%的扣除率计算抵扣增值税进项税额。这里明确购进的是农民专业合作社的“免税农业产品”,其他农业产品或商品则必须按照现行政策规定计算抵扣。因此,对农民专业合作社销售给增值税一般纳税人的其他农业产品则要考虑税收问题。

③对农民专业合作社向本社成员销售的农膜、种子、种苗、化肥、农药、农机,免征增值税。这里规定的是“向本社成员”销售上述六种商品,才可以享受免征增值税,否则不能享受免征优惠。因此,在实际经营中既要把握好销售对象又要把握好规定的商品品目。

④视同农业生产者销售自产农业产品免征增值税政策依据。《中华人民共和国增值税暂行条例》(以下简称《增值税暂行条例》)第十六条规定,农业生产者销售

的自产农业产品免征增值税。财政部国家税务总局《关于印发〈农业产品征税范围注释〉的通知》(财税[1995]52 号)对"自产农业产品"做了规定:《增值税暂行条例》第十六条所列免税项目的第一项所称的"农业生产者销售的自产农业产品",是指直接从事植物的种植、收割和动物的饲养、捕捞的单位和个人销售的注释所列的自产农业产品。对农民专业合作社销售的外购的农业产品,以及外购农业产品生产、加工后销售的仍然属于注释所列的农业产品,不属于免税的范围,应当按照规定税率征收增值税。

(二)资料准备

1.利用现有的图书馆以及报刊杂志等,查找有关增值税征收的信息资料;

2.利用现有的电脑、网站等网络环境条件,查找有关增值税征收方面信息资料。

二、设计与实施

【学习任务设计】

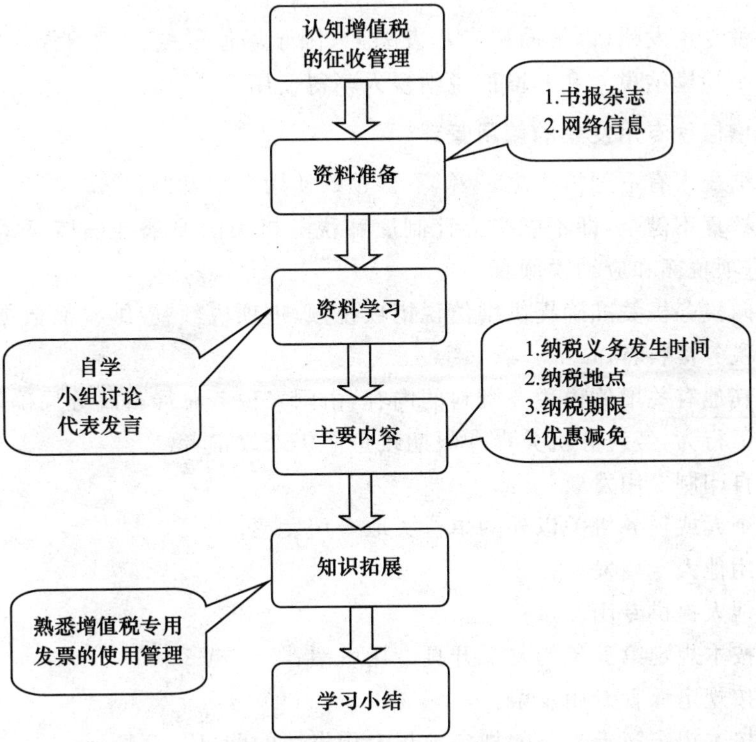

【学习任务实施】

在学生调查研究的基础上，通过头脑风暴法扩大学习成果，并集中集体智慧完成一份较好的综合性的“×××地区增值税的征收管理的专题调研报告”，每组选一个代表，在全班讲解小组的专题调研报告的形成、思路、学习收获，组员补充收获的内容；教师组织发动全班同学讨论、评价各小组的学习情况，达到全班同学共享学习资源和收获体会，巩固所学的知识内容。

关于×××地区的增值税征收管理的调研报告

前言：介绍本次增值税征收管理调查的目的、原因、时间、范围和方式等；
主体内容：基本概况、突出问题等；
结尾：分析问题、提出建议等。

三、知识拓展——熟悉增值税专用发票的使用管理

增值税专用发票（以下简称专用发票）只限于增值税的一般纳税人领购使用，增值税的小规模纳税人和非增值税纳税人不得使用。

（一）增值税专用发票的使用管理

一般纳税人有下列情形之一者，不得领购使用专用发票：

会计核算不健全，即不能按会计制度和税务机关的要求准确核算增值税的销项税额、进项税额和应纳税额者。

不能向税务机关准确提供增值税销项税额、进项税额、应纳税额数据及其他有关增值税税务资料者。

上述其他有关增值税税务资料的内容，由国家税务总局直属分局确定。

有以下行为，经税务机关责令限期改正而仍未改正者：

①私自印制专用发票；

②向个人或税务机关以外的单位买取专用发票；

③借用他人专用发票；

④向他人提供专用发票；

⑤未按本规定第五条的要求开具专用发票；

⑥未按规定保管专用发票；

⑦未按本规定第十六条的规定申报专用发票的购、用、存情况；

⑧未按规定接受税务机关检查；

⑨销售的货物全部属于免税项目者。

有上列情形的一般纳税人如已领购使用专用发票，税务机关应收缴其结存的专用发票。

(二)红字专用发票的管理

一般纳税人取得专用发票后，发生销货退回、开票有误等情形但不符合作废条件的，或者因销货部分退回及发生销售折让的，购买方应向主管税务机关填报《开具红字增值税专用发票申请单》(以下简称《申请单》)。

《申请单》所对应的蓝字专用发票应经税务机关认证。

经认证结果为"认证相符"并且已经抵扣增值税进项税额的，一般纳税人在填报《申请单》时不填写相对应的蓝字专用发票信息。

经认证结果为"纳税人识别号认证不符"、"专用发票代码、号码认证不符"的，一般纳税人在填报《申请单》时应填写相对应的蓝字专用发票信息。

《申请单》一式两联：第一联由购买方留存；第二联由购买方主管税务机关留存。

应加盖一般纳税人财务专用章。

主管税务机关对一般纳税人填报的《申请单》进行审核后，出具《开具红字增值税专用发票通知单》(以下简称《通知单》)。《通知单》应与《申请单》一一对应。

《通知单》一式三联：第一联由购买方主管税务机关留存；第二联由购买方送交销售方留存；第三联由购买方留存。

《通知单》应加盖主管税务机关印章。

《通知单》应按月依次装订成册，并比照专用发票保管规定管理。

购买方必须暂依《通知单》所列增值税税额从当期进项税额中转出，未抵扣增值税进项税额的可列入当期进项税额，待取得销售方开具的红字专用发票后，与留存的《通知单》一并作为记账凭证。属于本规定第十四条第四款所列情形的，不作进项税额转出。

销售方凭购买方提供的《通知单》开具红字专用发票，在防伪税控系统中以销项负数开具。

红字专用发票应与《通知单》一一对应。

四、综合评价

(一)教师评价

1. 对整个学习内容的归纳；

2. 对学习过程的总体评价。

(二)学生评价

1. 对教师授课效果的评价;

2. 对学习效果的评价。

项目五　消费税

【项目目标】

完成本项目学习任务后，你应该能

1. 理解消费税的概念，理解消费税的征收范围；

2. 掌握消费税的纳税人；

3. 知晓消费税的计算。

【项目任务描述】

消费税是目前我国流转税中的一种主要税种。通过教师组织引导，学生听课、自学、讨论和案例分析等，理解消费税的概念、征收范围；掌握消费税的纳税人；熟悉消费税的税率。通过本项目的学习，激发学生的学习兴趣，并树立依法纳税意识。

任务一　熟悉消费税的计算

相关链接

汽车消费税是1994年国家税制改革中新设置的一个税种。从2008年9月1日起调整只针对厂家征收的汽车消费税政策，包括提高大排量乘用车的消费税税率，以及降低小排量乘用车的消费税税率。汽车消息税的调整，影响到价格、市场、产业和国家的宏观调控。

财政部、国家税务总局2008年8月13日发布通知，从2008年9月1日起调整汽车消费税政策，提高大排量乘用车的消费税税率，降低小排量乘用车的消费税税率。通知表示，排气量在3.0升以上至4.0升(含4.0升)的乘用车，税率由15%上调至25%，排气量在4.0升以上的乘用车，税率由20%上调至40%；降低小排量乘用车的消费税税率，排气量在1.0升(含1.0升)以下的乘用车，税率由3%下调至1%。同时对部分乘用车进口环节消费税进行调整，调整幅度与国内汽车消费税相同。

财政部表示，汽车工业是能源消耗和污染物排放“大户”，是节能减排工作的重点。调整汽车消费税政策，旨在抑制大排量汽车的生产和消费，鼓励小排量汽车的生产和消费，有利于降低汽柴油消耗、减少空气污染，促进国家节能减排工作目标的实现。

一、学习准备

(一)知识准备

1.消费税基本知识

(1)消费税的概念

消费税是对在我国境内从事生产、委托加工和进口应税消费品的单位和个人征收的一种流转税，是对特定的消费品和消费行为在特定的环节征收的一种流转税。

(2)消费税的征税范围

消费税是在对货物普遍征收增值税的基础上，选择少数消费品再征收的一个税种，主要是为了调节产品结构，引导消费方向，保证国家财政收入。现行消费税的征收范围主要包括：

①生产应税消费品；

②委托加工应税消费品；

③进口应税消费品；

④批发、零售应税消费品。

(3)消费税的纳税人

消费税的纳税人是指在我国境内生产、委托加工和进口《中华人民共和国消费税暂行条例》规定的应税消费品的单位和个人，以及国务院确定的销售《消费税暂行条例》规定的应税消费品的其他单位和个人。

(4)消费税的税目与税率

我国消费税的税目有：烟、酒及酒精、鞭炮、焰火、化妆品、成品油、贵重首饰及珠宝玉石、高尔夫球及球具、高档手表、游艇、木制一次性筷子、实木地板、汽车轮胎、摩托车、小汽车等14个税目，有的税目还进一步划分若干子目。

消费税的税率，有两种形式：一种是比例税率；另一种是定额税率，即单位税额。消费税税率形式的选择，主要是根据课税对象情况来确定，对一些供求基本平衡，价格差异不大，计量单位规范的消费品，选择计税简单的定额税率，如黄酒、啤酒、成品油等；对一些供求矛盾突出、价格差异较大，计量单位不规范的消费品，选择税价联动的比例税率，如烟、白酒、化妆品、护肤护发品、鞭炮、汽车轮胎、贵重首饰及珠宝玉石、摩托车、小汽车等。

2. 消费税的计税依据

消费税的计税依据分别采用从价和从量两种计税方法。实行从价计税办法征税的应税消费品，计税依据为应税消费品的销售额。实行从量定额办法计税时，通常以每单位应税消费品的重量、容积或数量为计税依据。

3. 应纳税额的计算

(1)从价计税时

应纳税额＝应税消费品销售额×适用税率

(2)从量计税时

应纳税额＝应税消费品销售数量×适用税额标准

(3)自产自用应税消费品

a. 用于连续生产应税消费品的，不纳税；

b. 用于其他方面的：有同类消费品销售价格的，按照纳税人生产的同类消费品销售价格计算纳税，没有同类消费品销售价格的，按组成计税价格计算纳税。

组成计税价格＝(成本＋利润)÷(1－消费税税率)

应纳税额＝组成计税价格×适用税率

(4)委托加工应税消费品的由受托方交货时代扣代缴消费税

按照受托方的同类消费品销售价格计算纳税，没有同类消费品销售价格的，按组成计税价格计算纳税。

组成计税价格＝(材料成本＋加工费)÷(1－消费税税率)

应纳税额＝组成计税价格×适用税率

(5)进口应税消费品，按照组成计税价格计算纳税

组成计税价格＝(关税完税价格＋关税)÷(1－消费税税率)

应纳税额＝组成计税价格×消费税税率

(6)零售金银首饰的纳税人在计税时，应将含税的销售额换算为不含增值税税额的销售额

金银首饰的应税销售额＝含增值税的销售额÷(1＋增值税税率或征收率)

组成计税价格＝购进原价×(1＋利润率)÷(1－金银首饰消费税税率)

应纳税额 =组成计税价格×金银首饰消费税税率

(7)对于生产、批发、零售单位用于馈赠、赞助、集资、广告、样品、职工福利、奖励等方面或未分别核算销售的按照组成计税价格计算纳税

(二)资料准备

1. 利用现有的图书馆以及报刊杂志等,查找有关消费税计算的信息资料;

2. 利用现有的电脑、网站等网络环境条件,查找有关消费税计算方面信息资料。

二、设计与实施

【学习任务设计】

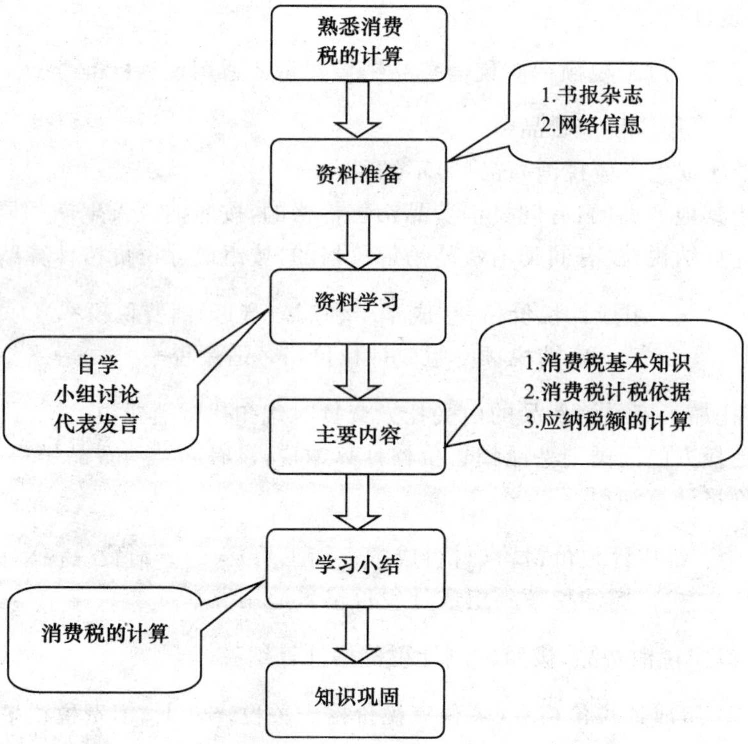

【学习任务实施】

1. 师生共同分析以下案例

【案例】 甲公司是一家日化品生产企业,日霜和美白精华素一直是该公司的主打产品,市场销售良好。为了促销其他的化妆品和护肤品,进一步打开市场,该公司在春节期间,拟推出一套系列产品,包括彩妆唇膏两个(单价 70 元,计 140 元);亮

甲一支(单价50元);眉彩一支(单价90元);天然植物洗发和护发膏各一支(单价28元,计56元);洗面乳液一支(单价60元);日霜一支(单价90元);修护晚霜一支(单价75元);美白精华素一支(单价280元)。产品单价合计为841元(即140+50+90+56+60+90+75+280=841元);该公司包装成套后按860元销售(礼包单价为19元)。此系列预计可销售1万套。

要求:

(1)请分析该企业的这一促销措施应缴的消费税。

(2)从税收的角度来看,以上的成套销售方法存在什么问题?

【案例分析】

尽量选择能向对方开具增值税专用发票的大型商场,以及大型歌剧院演员等销售,适用消费税税率为30%

(1)应税销售额:841×10 000÷(1+17%)=7 188 034(元)

应纳消费税:7 188 034×30%=2 156 410(元)

(2)存在的问题:是不是有高档化妆品的征税对象?是不是打包销售的产品种类太多?因为这样可能导致应税额的增加,个别产品是不是不如零售的好?

2.课堂训练

[习题1]　某酒厂为增值税一般纳税人,主要生产粮食白酒和啤酒两种产品。2014年11月,外购酒精10万元,销售粮食白酒10万斤,价款200万元;当月销售啤酒250吨,每吨售价为3 500元,收取啤酒包装物押金5 850元。

请计算当月应纳消费税。

[习题2]　A化工厂为增值税一般纳税人,2014年3月销售化妆品给小规模纳税人,开具的普通发票上注明的价款为36万元;销售化妆品给某商业企业,开具的专用发票上注明的价款为80万元,增值税税额为13.60万元;以成本价转给下属非独立核算的门市部化妆品30万元,门市部当月取得含税收入42万元。

要求:计算该化工厂2004年3月应纳的消费税。

[习题3]　某卷烟厂为增值税一般纳税人,2010年9月领用外生产卷烟3 500箱,销售3 000箱给某烟草批发公司,开具增值税专用发票,注明不含税销售额7 500万元;烟草批发公司同月又向烟草专营店销售2 800箱,取得零售收入9 100万元。

请计算卷烟厂和批发公司应纳的消费税。

[习题4]　某鞭炮企业2014年8月受托为某单位加工一批鞭炮,委托单位提供的原材料金额为30万元,收取委托单位不含增值税的加工费4万元,鞭炮企业当地无加工鞭炮的同类产品市场价格。

请计算鞭炮企业应代收代缴的消费税(鞭炮的消费税税率为15%)。

三、知识巩固

会计算消费税应纳税额。

任务二 消费税的申报与缴纳

一、学习准备

(一)知识准备

1.消费税申报流程

(1)确定申报时间

纳税人以1个月为一期纳税的,自期满之日起10日内申报纳税;以1日、3日、5日、10日或者15日为一期纳税的,自期满之日起5日内预缴税额,于次月1日起10日内申报纳税并结清上月应纳税额;纳税人进口货物,应当自海关填发税款缴纳凭证的次日起7日内申报缴纳税款。申报纳税期限最后一日是法定休假日的,以休假日期满的次日为申报纳税期限的最后一日,在申报纳税期限内有连续3日以上法定休假日的,按休假日天数顺延。

(2)填写申报表

纳税人按所属类型到办税服务厅申报纳税窗口领取相应的消费税纳税申报表及附表2份。或到国税局网站下载、打印《消费税纳税申报表》。依填报说明,填写一式两份纸质报表;或通过客户端软件创建纳税申报表。

(3)办理申报

纳税人持填写好的消费税纳税申报表、附表和以下资料到办税服务厅申报纳税窗口进行申报。或通过网络远程报送创建的电子申报表。

(4)缴纳税款

经税务机关审核,纳税人提供的资料完整、填写内容准确、各项手续齐全、无违章问题,符合条件的,当场办结,并在《消费税纳税申报表》上签章,返还一份给纳税人。当期申报有税款的,纳税人需缴纳税款,税务机关确认税款缴纳后开具完税凭证予以办结。

消费税纳税申报表

填表日期： 年 月 日

纳税编码

纳税人识别号

纳税人名称： 地 址：

税款所属期： 年 月 日至 年 月 日 联系电话：

应税消费品名称	适用税目	应税销售额（数量）	适用税率（单位税额）	当期准予扣除外购应税消费品买价				外购应税消费品适用税率
				合计	期初库存外购应税消费品买价	当期购进外购应税消费品买价	期末库存外购应税消费品买价	
1	2	3	4	5=6+7-8	6	7	8	9
合计								

应纳消费税		当期准予扣除外购应税消费品已纳税款	当期准予扣除委托加工应税消费品已纳税款			
本期	累计		合计	期初库存委托加工应税消费品已纳税款	当期收回委托加工应税消费品已纳税款	期末库存委托加工应税消费品已纳税款
15=3×4-10 或 3×4-11 或 3×4-10-11	16	10=5×9	11=12+13-14	12	13	14

已纳消费税		本期应补(退)税金额			
本期	累计	合计	上期结算税额	补交本年度欠税	补交以前年度欠税
17	18	19=15-17+20+21+22	20	21	22

截至上年底累计欠税额	本年度新增欠税额		减免税额	预缴税额	多缴税额
	本期	累计			
23	24	25			

如纳税人填报，由纳税人填写以下		如委托代理人填报，由代理人填写以下各栏				备注
会计主管：（签章）	纳税人（公章）	代理人名称		代理人（公章）		
		代理人地址				
		经办人		电话		

以下由税务机关填写			
收到申报表日期		接收人	

填表说明：表中 2 栏“适用税目”必须按照《中华人民共和国消费税暂行条例》规定的税目填写。

2.消费税的缴纳

(1)纳税义务发生时间

消费税纳税义务发生时间分为以下几种情况：

①纳税人销售的应税消费品，其纳税义务发生的时间为：

a.纳税人采取赊销和分期收款结算方式的，其纳税义务的发生时间，为销售合同规定的收款日期的当天；

b.纳税人采取预收货款结算方式的，其纳税义务的发生时间，为发出应税消费品的当天；

c.纳税人采取托收承付结算方式销售的应税消费品，其纳税义务的发生时间，为发出应税消费品的并办妥托收手续的当天；

d.纳税人采取其他结算方式的，其纳税义务的发生时间，为收讫销售款或取得索取销售凭据的当天。

②纳税人自产自用的应税消费品，其纳税义务的发生时间，为移送使用的当天。

③纳税人委托加工的应税消费品，其纳税义务的发生时间，为纳税人提货的当天。

④纳税人进口的应税消费品，其纳税义务的发生时间，为报关进口的当天。

(2)纳税地点

消费税纳税地点分为以下几种情况：

①纳税人销售的应税消费品及自产自用的应税消费品，除国家另有规定外，应当向纳税核算地主管税务机关申报纳税。纳税人总机构和分支机构不在同一县(市)的，应在生产应税消费品的分支机构所在地申报纳税。但经国家税务总局及所属分局批准，纳税人分支机构应纳税消费税，也可由总机构汇总向总机构所在地主管税务机关申报纳税。

②纳税人到外县(市)销售或委托外县(市)代销自产应税消费品的，应事先向其所在地主管税务机关提出申请，并于应税消费品销售后，回纳税人核算地缴纳税款。

③委托加工的应税消费品，由受托方向所在地主管税务机关报缴消费税税款。

④进口的应税消费品，由进口人或由其代理人向报关地海关申报纳税。此外，个人携带或者邮寄进境的应税消费品，连同关税由海关一并计征。具体办法由国务院关税税则委员会同有关部门制定。

(3)纳税环节

消费税的纳税环节分为以下几种情况：

①生产环节。纳税人生产的应税消费品，由生产者于销售时纳税。其中，生产者自产自用的应税消费品，用于本企业连续生产的不征税；用于其他方面的，于移送使用时纳税。

委托加工的应税消费品，由受托方在向委托方交货时代收代缴税款。委托加工的应税消费品直接出售的，不再征收消费税；委托加工应税消费品收回后用于连续生产应税消费品的，因最终生产的消费品需缴纳消费税，因此，对受托方代收代缴的消费税准予抵扣。

开征消费税的目的决定了消费税税款最终由消费者负担，为此，消费税的纳税环节确定在最终消费环节较为合适。但现行消费税暂行条例中，却将纳税环节确定在生产环节，主要有以下原因：一是可以大大减少纳税人数量、降低征管费用、加强源泉控制和减少税款流失的风险；二是可以保证税款及时上缴国库；三是把纳税环节提前并实行价内税形式，增加了税负的隐蔽性，这样可以在一定程度上避免不必要的社会震动。

②进口环节。进口的应税消费品，由进口报关者于报关进口时纳税。

③零售环节。金银首饰消费税由生产销售环节征收改为零售环节征收。

(4)报缴税款的方法

由所在地主管税务机关视不同情况，从下列方法中确定一种：

①纳税人按期向税务机关填报纳税申报表，并填开纳税缴款书，向其所在地代理金库的银行缴纳税款。

②纳税人按期向税务机关填报纳税申报表，由税务机关审核后填发缴款书，按期缴纳。

③对会计核算不健全的小型业户，税务机关可根据其产销情况，按季或按年核定应纳税额。

(二)资料准备

1.利用现有的图书馆以及报刊杂志等，查找有关消费税征收的信息资料；

2.利用现有的电脑、网站等网络环境条件，查找有关消费税征收内容信息资料。

二、设计与实施

【学习任务设计】

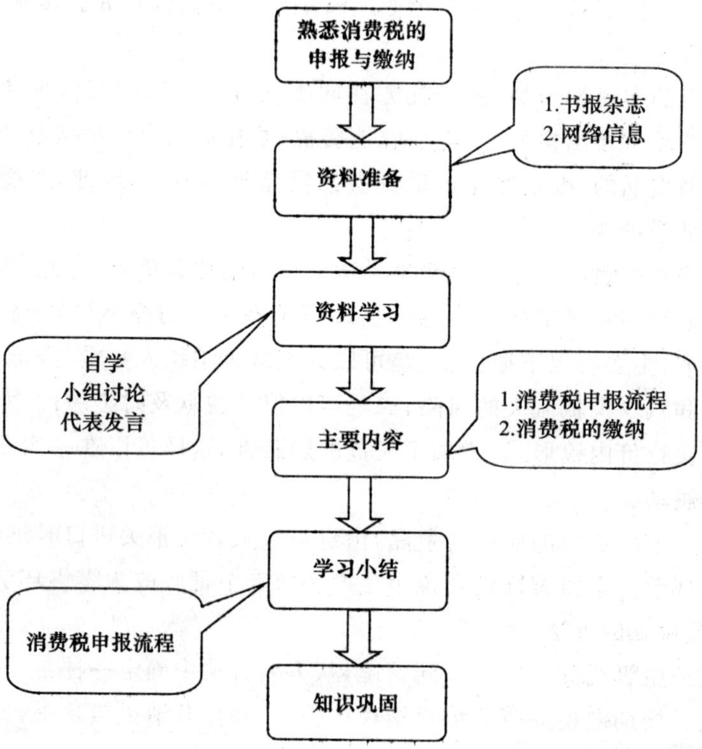

【学习任务实施】

在熟悉消费税申报流程的前提下，学生进行消费税纳税申报程序及模拟实训，包括：

1. 自产自用应税消费品《消费税纳税申报表》的填写方法；
2. 委托加工应税消费品《消费税纳税申报表》的填写方法；
3. 消费税申报程序以及税款的缴纳方法。

三、知识巩固

熟悉消费税的申报及征收管理内容。

四、综合评价

(一)教师评价

1. 对整个学习内容的归纳；
2. 对学习过程的总体评价。

(二)学生评价

1. 对教师授课效果的评价；
2. 对学习效果的评价。

项目六　营业税

【项目目标】

完成本项目学习任务后，你应该能

1. 理解营业税的概念，理解营业税的纳税人；
2. 掌握营业税的税率；
3. 知晓营业税的计算。

【项目任务描述】

营业税是目前我国流转税中的一种主要税种。通过教师组织引导，学生听课、自学、讨论和案例分析等，理解营业税的概念、征收范围；掌握营业税的纳税人；熟悉营业税的税率。通过本项目的学习，激发学生的学习兴趣，并树立依法纳税意识。

任务一　营业税的计算

相关链接

二手房如何征收营业税？

按国家的规定二手房营业税征收情况如下：自 2010 年 1 月 1 日起，个人将购买不足 5 年的非普通住房对外销售的，全额征收营业税；个人将购买超过 5 年（含 5 年）的非普通住房或者不足 5 年的普通住房对外销售的，按照其销售收入减去购买房屋的价款后的差额征收营业税；个人将购买超过 5 年（含 5 年）的普通住房对外销售的，免征营业税。

一、学习准备

(一)知识准备

1. 营业税基本知识

(1)营业税的概念

营业税是对在我国境内提供应税劳务、转让无形资产或销售不动产的单位和个人,就其所取得的营业额征收的一种税。

(2)营业税的纳税人

在中华人民共和国境内提供应税劳务、转让无形资产或者销售不动产的单位和个人,为营业税的纳税人。

单位是指:国有企业、集体企业、私有企业、股份制企业、外商投资企业、外国企业、其他 企业和行政单位、事业单位、军事单位、社会团体、其他单位。

个人是指:个体工商户及其他有经营行为的个人,包括在中国境内有经营行为的中国公民和外国公民。

企业租赁或承包给他人经营的,以承租人或承包人为纳税人。单位和个体户的员工、雇工在为本单位或雇主提供劳务时,不是营业税纳税人。

(3)营业税的征税范围

营业税确定的基本征税范围为:在中华人民共和国境内提供的应税劳务、转让的无形资产或销售的不动产。

(4)营业税的税目及税率

①营业税税目:建筑业、金融保险业、电信业、文化体育业、娱乐业、服务业、转让无形资产、销售不动产 8 个税目。

②营业税税率。营业税按照行业和经济业务的类别不同,分别采用不同的比例税率。建筑业、电信业、文化体育业的税率为 3%;金融保险业、服务业、转让无形资产、销售不动产的税率为 5%;娱乐业的税率为 5%～20%,纳税人经营娱乐业具体适用的税率,由省、自治区、直辖市人民政府在《营业税暂行条例实施细则》规定的幅度内决定。已纳入“营改增”范围的部分现代服务业,执行增值税税率。

2. 营业税的计税依据

营业税的计税依据是应税营业额。营业额一般为收入全额,是指纳税人提供应税劳务、转让无形资产或销售不动产向对方收取的全部价款和价外费用;特殊情况下为收入差额,允许减除特定项目金额;纳税人提供应税劳务、转让无形资产或者销售不动产的价格明显偏低并无正当理由的,由主管税务机关核定其营业额。

(1)以收入全额为计税依据

包括纳税人提供应税劳务、转让无形资产或者销售不动产向对方收取的全部价款和价外费用。但不包括同时符合条件代为收取的政府性基金或者行政事业性收费。

关于折扣的处理原则:纳税人发生应税行为,如果将价款与折扣额在同一张发票上注明的,以折扣后的价款为营业额;如果将折扣额另行计算的,不论其在财务上如何处理,均不得从营业额中扣除。

纳税人的营业额计算缴纳营业税后因发生退款减除营业额的,应当退还已缴纳营业税税款或者从纳税人以后的应缴纳营业税税额中减除。

(2)以收入差额为计税依据

允许减除特定项目金额。

在规定的可扣项目范围内,凭合法有效凭证扣除。合法有效凭证指:

①境内对方开具的发票;

②行政事业性收费和政府性基金的财政票据;

③境外单位和个人的签收单据,税务机关对签收单据的真实性质疑的,可要求提供境外公证机构的确认证明;

④国家税务总局规定的其他合法有效凭证。

(3)以核定营业额为计税依据

纳税人价格明显偏低并无正当理由或者视同发生应税行为而无营业额的,按下列顺序确定其营业额:

①按纳税人最近时期发生同类应税行为的平均价格核定;

②按其他纳税人最近时期发生同类应税行为的平均价格核定;

③按下列公式核定:

营业额=营业成本或者工程成本×(1+成本利润率)÷(1-营业税税率)

公式中的成本利润率,由省、自治区、直辖市税务局确定。

3.营业税的计算

营业税是按营业额和规定的税率进行计算的。提供应税劳务的营业额、转让无形资产的转让额或销售不动产的销售额,统称为营业额。计算公式为:

应纳营业税税额=营业额×适用的营业税税率

(二)资料准备

1.利用现有的图书馆以及报刊杂志等,查找有关营业税计算的信息资料;

2.利用现有的电脑、网站等网络环境条件,查找有关营业税计算方面信息资料。

二、设计与实施

【学习任务设计】

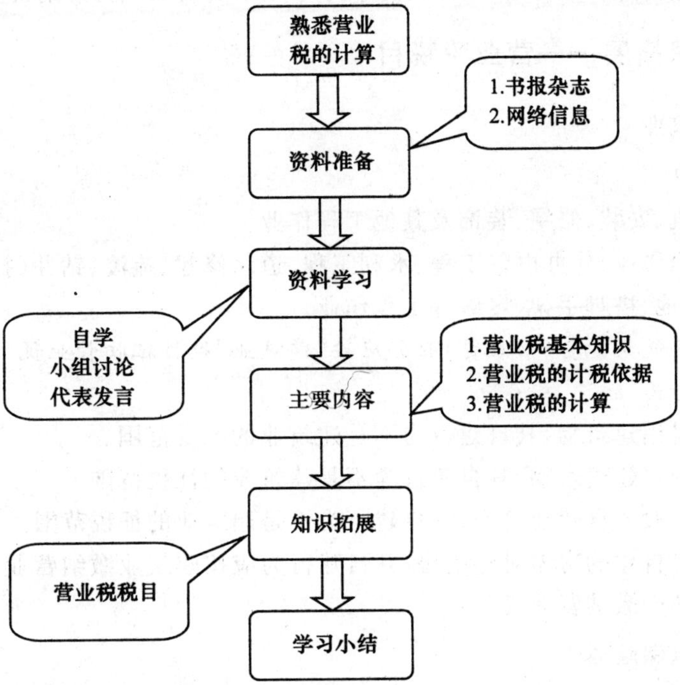

【学习任务实施】

课堂训练：营业税的计算

［习题 1］　某银行 2014 年第三季度业务如下：

(1)一般贷款利息收入总额为 1 500 万元，其中含加息 50 万元、罚息 40 万元。

(2)为开展融资租赁业务，进口设备一台，关税完税价格为 1 000 万元，关税税率为 10%，增值税税率 17%。该机构按规定支付相关税款之后，直接运到 A 公司，双方约定租赁年限 10 年，年租金为 150 万元；(一年按 360 天计算)

(3)从事股票买卖业务，买入价为 40 万元，另支付相关税费 0.5 万元；卖出价为 55 万元，另支付相关税费 0.6 万元。

计算该银行 2014 年第三季度应纳的营业税额。

［习题 2］　某饭店共设两层餐厅和 10 个包间，包间均备有卡拉 OK 设备，为客人提供餐饮和娱乐服务。2014 年 10 月该饭店取得收入如下：餐厅的餐费收入 150 万元；包间的娱乐及餐费 100 万元，包间费 10 万元；附设小卖部取得收入共计 2 万

元;出租柜台销售工艺品,销售收入 1 万元,月租金 0.1 万元。

请计算该饭店当月应纳营业税税额。(娱乐业税率 20%)

[习题 3] 某演出公司 2015 年 2 月演出收入 200 000 元,当月购买一台税控收款机,支付 3 744 元并取得普通发票,经税务机关确认,计算其当月应纳营业税多少元。

三、知识拓展——营业税税目

(一)建筑业

1. 子税目

包括建筑、安装、修缮、装饰及其他工程作业。

其他工程作业:代办电信工程、水利工程、道路修建、疏浚、钻井(打井)、拆除建筑物、平整土地、搭脚手架、爆破等工程作业。

2. 管道煤气集资费(初装费)业务应按“建筑业”税目征收营业税

3. 自建行为

①自建自用建筑物,其自建行为不是建筑业的征税范围。

②出租的自建建筑物,其自建行为不是建筑业的征税范围。

③投资入股的自建建筑物,其自建行为不是建筑业的征税范围。

④单位将自建的房屋对外销售,其自建行为应按建筑业缴纳营业税,其销售行为按销售不动产缴纳营业税。

(二)金融保险业

1. 金融业子税目

包括贷款、融资租赁、金融商品转让(如股票转让、债券转让、外汇转让、其他金融商品转让)、金融经纪业(如委托业务、代理业务、咨询业务)和其他金融业务(如银行结算)。

下列金融业务不征收营业税:

①非金融机构和个人买卖外汇、有价证券或期货;

②金融企业存款或购入金融商品行为,以及金银买卖业务;

③外国银行分行改制过程中发生的向其改制后的外商独资银行(或其分行)转让企业产权和股权的行为;

④人民银行对金融机构的贷款业务(人民银行对企业贷款或委托金融机构贷款的业务应当征收营业税);

⑤金融机构往来业务;

⑥金融机构的出纳长款收入。

2. 保险业

是指将通过契约形式集中起来的资金，用以补偿被保险人的经济利益的业务。

下列保险业务不征收营业税：

①保险企业取得的追偿款不征收营业税；

②保险公司的摊回分保费用不征收营业税。

(三)电信业

包括邮政、电信及与邮政、电信相关的业务。单位和个人从事快递业务按此税目征收营业税。

①各子目的具体范围，如邮政业务，包括经营各种信函、包裹、汇兑、邮票发行、集邮和邮件运输、报刊发行等邮政业务活动；

②邮政部门在提供劳务同时附带销售与邮政业务相关的各种物品(如信封、信纸、汇款单、邮件包装用品等)，缴纳营业税，而非增值税；

③在提供电信业务的同时附带销售专用和通用的电信物品(如电报纸、电话号码簿、电报签收簿、电信器材、电话机等)，缴纳营业税，而非增值税。

(四)文化体育业

文化体育业：包括文化业(表演、播映)、体育业。

①广播电视有线数字付费频道业务按"文化体育业—播映"税目征收营业税。

提示：广告的播映属于"服务业—广告业(税率5%)"税目的征税范围。

②有线电视台收取的"初装费"，属于"建筑业"税目的征税范围。

a. 管道煤气集资费(初装费)业务应按"建筑业"税目征收营业税。

b. 电话安装(包括移机)按"邮电通信业"征收营业税。

③各种展览、培训活动，文学、艺术、科技讲座及演讲、报告会，图书、杂志、报纸的借阅业务，按"文化体育业"税目征收营业税。

出租文化场所属于"服务业—租赁业"税目的征税范围。

④公园、动物园、植物园及其他各种游览场所销售门票的业务，按"文化体育业"税目征收营业税。

⑤举办各种体育比赛和为体育比赛或体育活动提供场所的业务，按"文化体育业"税目征收营业税。

以租赁方式为体育比赛提供场所的业务，属于"服务业—租赁业"税目的征税范围。

(五)娱乐业

娱乐业是指为娱乐活动提供场所和服务的业务，包括经营歌厅、舞厅、卡拉OK歌舞厅、音乐茶座、台球、高尔夫球、保龄球场、网吧、游艺场等娱乐场所，以及娱乐场所为顾客进行娱乐活动提供服务的业务。

(六)服务业

子税目包括代理业、旅店业、饮食业、旅游业、仓储业、租赁业、广告业和其他服务业。

1.代理业

①代理报关业务应按照“服务业——代理业”税目征收营业税;

②金融经纪业不按本税目征税,属于“金融保险业”税目的征税范围;

③服务性单位将委托方预付的餐费转付给餐饮企业,并向委托方和餐饮企业收取服务费的,属于餐饮中介服务,应按照“服务业——代理业”税目征收营业税;

④无船承运业务,应按照“服务业——代理业”税目征收营业税;

⑤单位和个人受托种植植物、饲养动物的行为,按“服务业”税目征收营业税。

2.旅游业

单位和个人在旅游景区经营索道、旅游游船、观光电梯、观光电车、景区环保客运车取得的收入按“服务业——旅游业”税目征收营业税。

3.租赁业

①单位和个人将承租的场地、物品、设备等转租给他人的行为属于租赁行为,按“服务业——租赁业”税目征收营业税;

②对远洋运输企业从事光租业务和航空运输企业从事干租业务取得的收入,应按“服务业——租赁业”税目征收营业税;

③酒店产权式经营,业主按照约定取得的固定收入和分红收入均应视为租金收入,应按照“服务业——租赁业”税目征收营业税;

④交通部门有偿转让高速公路收费权行为,属于营业税征收范围,应按“服务业——租赁业”税目征收营业税。

4.广告业

广告代理业务按“服务业——广告业”税目征收营业税。

5.其他服务业:如沐浴、理发、洗染等

航空勘探、钻井(打井)勘探、爆破勘探,不按本税目征税,属于“建筑业”税目的征税范围。

(七)转让无形资产

1.征税范围

包括转让土地使用权、转让商标权、转让专利权、转让非专利技术、出租电影拷贝、转让著作权和转让商誉。

2.特别提示:“转让土地使用权”的具体规定

①土地所有者出让土地使用权(土地的一级市场)和土地使用者将土地使用权还给土地所有者的行为,不征收营业税。

土地租赁,不按转让无形资产税目征税,属于“服务业——租赁业”税目的征税范围。

②以无形资产投资入股,参与接受投资方的利润分配、共同承担投资风险的行为,不征收营业税。在投资后转让其股权的,也不征收营业税。

(八)销售不动产

①销售不动产范围:包括销售建筑物或构筑物和销售其他土地附着物。在销售不动产时连同不动产所占土地的使用权一并转让的行为,比照销售不动产征收营业税。

②以不动产投资入股,参与接受投资方利润分配、共同承担投资风险的行为,不征收营业税。在投资后转让股权的,也不征收营业税。

③转让企业产权是整体转让企业资产、债权、债务及劳动力的行为,不应征收营业税。

单位或者个人将不动产或者土地使用权无偿赠送其他单位或者个人,视同发生应税行为也缴纳营业税。

任务二 营业税的申报与缴纳

一、学习准备

(一)知识准备

1.营业税的纳税申报

营业税纳税申报是指营业税纳税人依照税收法律法规规定或主管税务机关依法确定的申报期限,向主管税务机关办理营业税纳税申报的业务。主要涉及确定申报时间、领取申报表、办理申报和缴纳税款等环节。

(1)确定申报时间

纳税人以1个月或1个季度为一期纳税的,自期满之日起15日内申报纳税;以5日、10日、或者15日为一期纳税的,自期满之日起5日内预缴税额,于次月1日起15日内申报纳税并结清上月应纳税款。

银行、财务公司、信托投资公司、信用社的纳税期限为 1 个季度，自纳税期满之日起 15 日内申报纳税。

申报纳税期限最后一日是法定休假日的，以休假日期满的次日为申报纳税期限的最后一日，在申报纳税期限内有连续 3 日以上法定休假日的，按休假日天数顺延。

(2)领取申报表

纳税人到办税服务厅申报纳税窗口领取相应的营业税纳税申报表及附表 2 份。或到国税局网站下载、打印《营业税纳税申报表》。依填报说明，填写一式两份纸质报表；或通过客户端软件创建纳税申报表。

(3)办理申报

纳税人持填写好的营业税纳税申报表、附表和以下资料到办税服务厅申报纳税窗口进行申报。或通过网络远程报送创建的电子申报表。

(4)缴纳税款

经税务机关审核，纳税人提供的资料完整、填写内容准确、各项手续齐全、无违章问题，符合条件的，当场办结，并在《营业税纳税申报表》上签章，返还一份给纳税人。当期申报有税款的，纳税人需缴纳税款，税务机关确认税款缴纳后开具完税凭证予以办结。

2. 营业税的缴纳

(1)纳税义务发生时间

营业税纳税义务发生时间为纳税人提供应税劳务、转让无形资产或者销售不动产并收讫营业收入款项或者取得索取营业收入款项凭据的当天。

营业税扣缴义务发生时间为纳税人营业税纳税义务发生的当天。

(2)纳税地点

纳税人提供应税劳务应当向其机构所在地或者居住地的主管税务机关申报纳税。

纳税人提供建筑业劳务以及国务院财政、税务主管部门规定的其他应税劳务，应当向劳务发生地的主管税务机关申报纳税。

(3)纳税期限

营业税的纳税期限分别为 5 日、10 日、15 日、1 个月或者 1 个季度。纳税人的具体纳税期限，由主管税务机关根据纳税人应纳税额的大小分别核定；不能按照固定期限纳税的，可以按次纳税。

纳税人以 1 个月或者 1 个季度为一个纳税期的，自期满之日起 15 日内申报纳税；以 5 日、10 日或者 15 日为一个纳税期的，自期满之日起 5 日内预缴税款，于次月 1 日起 15 日内申报纳税并结清上月应纳税款。

(4)减免优惠

①《中华人民共和国营业税暂行条例》第六条规定，农业机耕、排灌、病虫害防治、植保、农牧保险以及相关技术培训业务，家禽、水生动物的配种和疾病防治项目免征营业税。

②国家税务总局《关于林木销售和管护征收流转税问题的通知》(国税函[2008]212 号)规定，纳税人单独提供林木管护劳务行为的收入中，属于提供农业机耕、排灌、病虫害防治、植保劳务取得的收入，免征营业税。

③财政部、国家税务总局《关于对若干项目免征营业税的通知》(财税字[1994]2 号)规定，将土地使用权转让给农业生产者用于农业生产，免征营业税。

《农民专业合作社法》第五十二条规定：农民专业合作社享受国家规定的对农业生产、加工、流通、服务和其他涉农经济活动相应的税收优惠。换言之，对农民专业合作社从事上述劳务取得的收入，免征营业税。

(二)资料准备

1. 利用现有的图书馆以及报刊杂志等，查找有关营业税征收的信息资料；

2. 利用现有的电脑、网站等网络环境条件，查找有关营业税征收方面信息资料。

二、设计与实施

【学习任务设计】

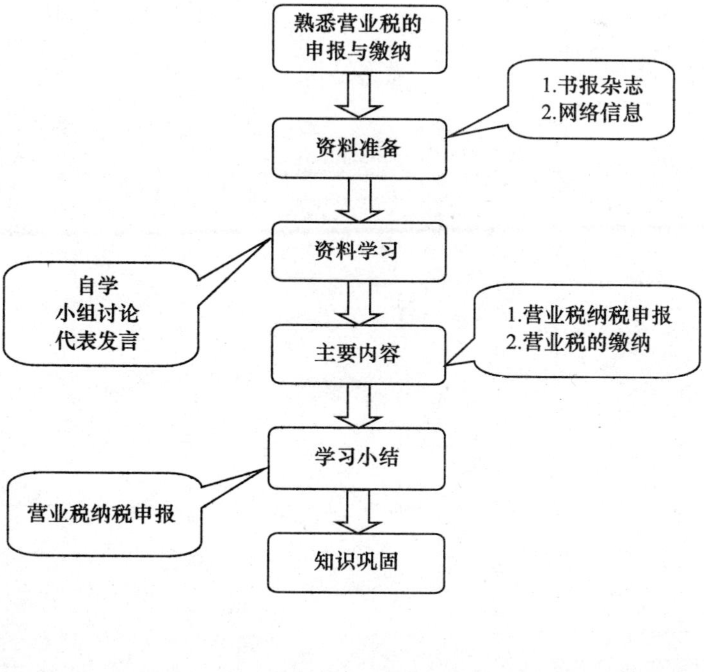

【学习任务实施】

营业税纳税申报程序及模拟实训，包括：

(1)自行申报营业税《营业税纳税申报表》的填写方法；

(2)代扣代缴营业税《营业税纳税申报表》的填写方法；

(3)营业税纳税申报程序以及税款的缴纳方法。

三、知识巩固

如何进行营业税纳税申报？

四、综合评价

(一)教师评价

1. 对整个学习内容的归纳；

2. 对学习过程的总体评价。

(二)学生评价

1. 对教师授课效果的评价；

2. 对学习效果的评价。

模块四　所得税

项目七　企业所得税

项目八　个人所得税

项目九　其他税种

项目七　企业所得税

【项目目标】

完成本项目学习任务后，你应该能

1. 理解企业所得税的概念，理解企业所得税的纳税人、征税对象；
2. 熟悉企业所得税的税率及计税依据；
3. 知晓企业所得税的计算。

【项目任务描述】

企业所得税是目前我国所得税中的一种主要税种。通过教师组织引导，学生听课、自学、讨论和案例分析等，理解企业所得税的概念、征收范围；掌握企业所得税的纳税人；熟悉企业所得税的税率。通过本项目的学习，激发学生的学习兴趣，并树立依法纳税意识。

任务一　企业所得税的计算

相关链接

江西省地税助力苏区振兴发展 累计减免企业所得税 7.43 亿元

《国务院关于支持赣南等原中央苏区振兴发展的若干意见》实施 3 周年以来，江西省地税部门已累计为 763 户企业减免企业所得税 7.43 亿元，惠及水力发电、钨和稀土有色金属精深加工、医药、机械、现代物流业等 37 个行业，有力推进了赣南苏区加快发展、转型发展、跨越发展。

江西省地税局为赣南等原中央苏区推出了税收政策和服务举措，为企业开通了绿色通道，优化审批流程，减少流转环节和办理时限，吸引了众多客商来赣州投资兴业。据统计，3 年来，赣州市地税新增注册企业 12.1 万户，引进投资亿元以上企业 167 家，政策“洼地”效应初步显现。光大集团、宝钢集团等 10 家央企在赣州签约 11 个项目，签约资金达 208.5 亿元；中航科工集团投资 110 亿元的北斗产业园项目也已落户赣州。

（资料来源：中国江西网-江西手机报 2015-07-05）

一、学习准备

（一）知识准备

1. 企业所得税基本知识

（1）企业所得税的概念

企业所得税是对我国企业和其他取得收入的组织的生产经营所得和其他所得征收的一种税。企业分为居民企业和非居民企业。

（2）企业所得税的纳税人

即所有实行独立经济核算的中华人民共和国境内的内资企业或其他组织，包括以下 6 类：

国有企业、集体企业、私营企业、联营企业、股份制企业、有生产经营所得和其他所得的其他组织。

企业是指按国家规定注册、登记的企业。有生产经营所得和其他所得的其他组织，是指经国家有关部门批准，依法注册、登记的，有生产经营所得和其他所得的事业单位、社会团体等组织。独立经济核算是指同时具备在银行开设结算账户；独立建立账簿，编制财务会计报表；独立计算盈亏等条件。

个人独资企业、合伙企业不使用本法，这两类企业征收个人所得税即可，避免重复征税。

（3）企业所得税的征税对象

企业所得税的征税对象是纳税人取得的所得。包括销售货物所得、提供劳务所得、转让财产所得、股息红利所得、利息所得、租金所得、特许权使用费所得、接受捐赠所得和其他所得。

居民企业应当就其来源于中国境内、境外的所得缴纳企业所得税。

（4）企业所得税的税率

企业所得税的税率为 25%的比例税率。

新所得税法规定法定税率为 25%，内资企业和外资企业一致，国家需要重点扶持的高新技术企业为 15%，小型微利企业为 20%，非居民企业为 20%。

企业应纳所得税额＝当期应纳税所得额×适用税率

应纳税所得额＝收入总额－准予扣除项目金额

企业所得税的税率即据以计算企业所得税应纳税额的法定比率。根据《中华人民共和国企业所得税暂行条例》的规定，2008 年新的《中华人民共和国所得税法》；规定一般企业所得税的税率为 25%。

非居民企业在中国境内设立机构、场所的，应当就其所设机构、场所取得的来源于中国境内的所得，以及发生在中国境外但与其所设机构、场所有实际联系的所得，缴纳企业所得税。符合条件的小型微利企业，减按 20%的税率征收企业所得税。国家财税务总局下发的《关于小型微利企业所得税优惠政策有关问题的通知》(财税[2011]117 号)，通知明确，自 2012 年 1 月 1 日至 2015 年 12 月 31 日，对年应纳税所得额低于 6 万元(含 6 万元)的小型微利企业，其所得减按 50%计入应纳税所得额，按 20%的税率缴纳企业所得税。

国家需要重点扶持的高新技术企业，减按 15%的税率征收企业所得税。

2. 企业所得税的计税依据

企业所得税的计税依据，是企业的应纳税所得额。所谓应纳税所得额，是指纳税人每一纳税年度的收入总额减去准予扣除项目金额后的余额。基本公式是：

应纳税所得额＝收入总额－准予扣除项目金额

纳税人应纳税所得额的计算以权责发生制为原则。应纳税所得额的正确计算，同成本、费用核算关系密切，直接影响到国家财政收入和企业的税收负担。所以，税法必须就涉及企业应纳税所得额确定的一系列基本问题做出明确规定。主要内容包括收入总额、扣除范围和标准、资产的税务处理、亏损弥补等。

纳税人在计算应纳税所得额时，按照税法规定计算出的应纳税所得额与企业依据财务会计制度计算的会计所得额(即会计利润)，往往是不一致的。当企业财务、会计处理办法与有关税收法规不一致时，税法规定，应当依照国家有关税收法规的规定计算纳税。因此，企业按有关财务会计制度规定计算的利润，必须按照税法的规定进行必要的调整后，才能作为应纳税所得额。(摘自纳税服务网)

3. 企业所得税的收入确认

企业所得税收入总额由九部分构成，具体包括销售货物收入，提供劳务收入，转让财产收入，股息、红利等权益性投资收益，利息收入，租金收入，特许权使用费收入，接受捐赠收入，其他收入。其他收入中又包括企业资产溢余收入、逾期未退包装物押金收入、确实无法偿付的应付款项、已作坏账损失处理后又收回的应收款项、债务重组收入、补贴收入、违约金收入、汇兑收益等。

4. 企业所得税的扣除

企业所得税法定扣除项目是据以确定企业所得税应纳税所得额的项目。企业所得税条例规定，企业应纳税所得额的确定，是企业的收入总额减去成本、费用、损失以及准予扣除项目的金额。成本是纳税人为生产、经营商品和提供劳务等所发生的各项直接耗费和各项间接费用。费用是指纳税人为生产经营商品和提供劳务等所发生的销售费用、管理费用和财务费用。损失是指纳税人生产经营过程中的各项营业外支出、经营亏损和投资损失等。除此以外，在计算企业应纳税所得额时，对纳税人的财务会计处理和税收规定不一致的，应按照税收规定予以调整。企业所得税法定扣除项目除成本、费用和损失外，税收有关规定中还明确了一些需按税收规定进行纳税调整的扣除项目。主要包括以下内容：

(1)利息支出的扣除

纳税人在生产、经营期间，向金融机构借款的利息支出，按实际发生数扣除；向非金融机构借款的利息支出，不高于按照金融机构同类、同期贷款利率计算的数额以内的部分，准予扣除。

(2)计税工资的扣除

条例规定，企业合理的工资、薪金予以据实扣除，这意味着取消实行多年的内资企业计税工资制度，切实减轻了内资企业的负担。但允许据实扣除的工资、薪金必须是“合理的”，对明显不合理的工资、薪金，则不予扣除。今后，国家税务总局将通过制定与《实施条例》配套的《工资扣除管理办法》对“合理的”进行明确。

(3)在职工福利费、工会经费和职工教育经费方面

实施条例继续维持了以前的扣除标准(提取比例分别为14%、2%、2.5%)，但将“计税工资总额”调整为“工资薪金总额”，扣除额也就相应提高了。在职工教育经费方面，为鼓励企业加强职工教育投入，实施条例规定，除国务院财税主管部门另有规定外，企业发生的职工教育经费支出，不超过工资薪金总额2.5%的部分，准予扣除；超过部分，准予在以后纳税年度结转扣除。

(4)捐赠的扣除

纳税人的公益、救济性捐赠，在年度会计利润的12%以内的，允许扣除。超过12%的部分则不得扣除。

(5)业务招待费的扣除

业务招待费，是指纳税人为生产、经营业务的合理需要而发生的交际应酬费用。税法规定，纳税人发生的与生产、经营业务有关的业务招待费，由纳税人提供确实记录或单据，分别在下列限度内准予扣除：《企业所得税法实施条例》第四十三条进一步明确，企业发生的与生产经营有关的业务招待费支出按照发生额的60%扣除，但最高不得超过当年销售(营业收入的千分之5)，也就是说，税法采用的是“两头卡”的方式。一方面，企业发生的业务招待费只允许列支60%，是为了区分业务招待费中的商业招待和个人消费，通过设计一个统一的比例，将业务招待费中

的个人消费部分去掉；另一方面，最高扣除额限制为当年销售（营业）收入的5‰，这是用来防止有些企业为不调增40%的业务招待费，采用多找餐费发票甚至假发票冲账，造成业务招待费虚高的情况。

(6)职工养老基金和待业保险基金的扣除

职工养老基金和待业保险基金，在省级税务部门认可的上交比例和基数内，准予在计算应纳税所得额时扣除。

(7)残疾人保障基金的扣除

对纳税人按当地政府规定上交的残疾人保障基金，允许在计算应纳税所得额时扣除。

(8)财产、运输保险费的扣除

纳税人缴纳的财产，运输保险费，允许在计税时扣除。但保险公司给予纳税人的无赔款优待，则应计人企业的应纳税所得额。

(9)固定资产租赁费的扣除

纳税人以经营租赁方式租入固定资产的租赁费，可以直接在税前扣除；以融资租赁方式租人固定资产的租赁费，则不得直接在税前扣除，但租赁费中的利息支出。手续费可在支付时直接扣除。

(10)坏账准备金、呆账准备金和商品削价准备金的扣除

纳税人提取的坏账准备金、呆账准备金，在计算应纳税所得额时准予扣除。提取的标准暂按财务制度执行。纳税人提取的商品削价准备金准予在计税时扣除。

(11)转让固定资产支出的扣除

纳税人转让固定资产支出是指转让、变卖固定资产时所发生的清理费用等支出。纳税人转让固定资产支出准予在计税时扣除。

(12)固定资产、流动资产盘亏、毁损、报废净损失的扣除

纳税人发生的固定资产盘亏、毁损、报废的净损失，由纳税人提供清查、盘存资料，经主管税务机关审核后，准予扣除。这里所说的净损失，不包括企业固定资产的变价收入。纳税人发生的流动资产盘亏、毁损、报废净损失，由纳税人提供清查盘存资料，经主管税务机关审核后，可以在税前扣除。

(13)总机构管理费的扣除

纳税人支付给总机构的与该企业生产经营有关的管理费，应当提供总机构出具的管理费汇集范围、定额、分配依据和方法的证明文件，经主管税务机关审核后，准予扣除。

(14)国债利息收入的扣除

纳税人购买国债利息收入，不计入应纳税所得额。

(15)其他收入的扣除

包括各种财政补贴收入、减免或返还的流转税,除国务院、财政部和国家税务总局规定有指定用途者,可以不计入应纳税所得额外,其余则应并入企业应纳税所得额计算征税。

(16)亏损弥补的扣除

纳税人发生的年度亏损,可以用下一年度的所得弥补,下一纳税年度的所得不足弥补的,可以逐年延续弥补,但最长不得超过5年。

在计算应纳税所得额时,下列支出不得扣除:

①资本性支出。是指纳税人购置、建造固定资产,以及对外投资的支出。企业的资本性支出,不得直接在税前扣除,应以提取折旧的方式逐步摊销。

②无形资产受让、开发支出。是指纳税人购置无形资产以及自行开发无形资产的各项费用支出。无形资产受让、开发支出也不得直接扣除,应在其受益期内分期摊销。

③资产减值准备。固定资产、无形资产计提的减值准备,不允许在税前扣除;其他资产计提的减值准备,在转化为实质性损失之前,不允许在税前扣除。

④违法经营的罚款和被没收财物的损失。纳税人违反国家法律。法规和规章,被有关部门处以的罚款以及被没收财物的损失,不得扣除。

⑤各项税收的滞纳金、罚金和罚款。纳税人违反国家税收法规,被税务部门处以的滞纳金和罚款、司法部门处以的罚金,以及上述以外的各项罚款,不得在税前扣除。

⑥自然灾害或者意外事故损失有赔偿的部分。纳税人遭受自然灾害或者意外事故,保险公司给予赔偿的部分,不得在税前扣除。

⑦超过国家允许扣除的公益、救济性捐赠,以及非公益、救济性捐赠。纳税人用于非公益、救济性捐赠,以及超过年度利润总额12%的部分的捐赠,不允许扣除。

⑧各种赞助支出。

⑨与取得收入无关的其他各项支出。

5.所得税费用的计算

企业所得税是根据税法规定的以企业应纳税所得额的一定比例上交的一种税金。应纳税所得额是在企业税前会计利润(即利润总额)的基础上调整确定的,计算公式为:

$$应纳税所得额=税前会计利润+纳税调整项目$$

纳税调整项目主要包括纳税调增项目和纳税调减项目。

纳税调增项目主要包括:税法规定允许扣除项目中,企业已计入当期费用,但超过税法规定扣除标准的金额(如超过税法规定标准的工资支出、业务招待费支出、超支的公益、救济性捐款),以及企业已计入当期损失但税法规定不允许扣除项目的金额(如税收滞纳金、罚款、罚金)等。

纳税调减项目主要包括:企业购买国库券的利息收入;企业以前年度发生的亏损,可用下一年度的所得弥补,下一年度的所得不足以弥补的,可以逐年延续弥补,但最长不得超过5年等项目。

企业应交所得税的计算公式为:

本期应交所得税额=本期应纳税所得额×所得税税率

(二)资料准备

1. 利用现有的图书馆以及报刊杂志等,查找有关企业所得税计算的信息资料;

2. 利用现有的电脑、网站等网络环境条件,查找有关企业所得税扣除方面信息资料。

二、设计与实施

【学习任务设计】

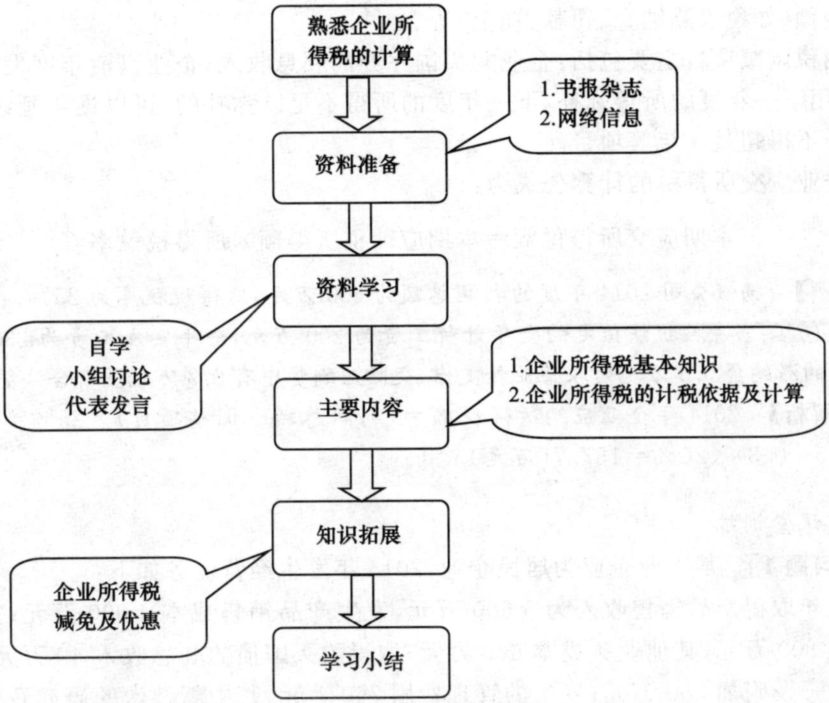

【学习任务实施】

1.课前准备

(1)在老师指导下,学生课前查询企业所得税的概念、税率等基本知识。

(2)到当地企业调查有关企业所得税的情况。

2.课堂上

(1)分成若干小组,每组选一个代表发言,组员进行补充;教师组织讨论并评价各小组的学习情况。

(2)共同学习讨论企业所得税的计算。

企业所得税是根据税法规定的以企业应纳税所得额的一定比例上交的一种税金。应纳税所得额是在企业税前会计利润(即利润总额)的基础上调整确定的,计算公式为:

应纳税所得额=税前会计利润+纳税调整项目

纳税调整项目主要包括纳税调增项目和纳税调减项目。

纳税调增项目主要包括:税法规定允许扣除项目中,企业已计入当期费用,但超过税法规定扣除标准的金额(如超过税法规定标准的工资支出、业务招待费支出、超支的公益、救济性捐款),以及企业已计入当期损失但税法规定不允许扣除项目的金额(如税收滞纳金、罚款、罚金)等。

纳税调减项目主要包括:企业购买国库券的利息收入;企业以前年度发生的亏损,可用下一年度的所得弥补,下一年度的所得不足以弥补的,可以逐年延续弥补,但最长不得超过5年等项目。

企业应交所得税的计算公式为:

本期应交所得税额=本期应纳税所得额×所得税税率

【例】 扬帆公司2014年度的利润总额为600万元,所得税税率为25%。纳税调增项目包括:当年按税法核定的全年计税工资为200万元,全年实发工资为230万元;增值税的滞纳金0.5万元列入营业外支出,交际应酬费中有0.3万元没有合法凭证。

【解析】 2014年企业应纳所得税额=(利润总额+调整项目)×25%=(600+30+0.5+0.3)×25%=157.7(万元)

3.课堂训练

[习题1] 某工业企业为居民企业,2014年发生经营业务如下:

全年取得产品销售收入为5 600万元,发生产品销售成本4 000万元;其他业务收入800万元,其他业务成本660万元;取得购买国债的利息收入40万元;缴纳销售税金及附加300万元;发生的管理费用760万元,其中新技术的研究开发费用为 60 万元、业务招待费用 70 万元；发生财务费用 200 万元；取得直接投资其他居民企业的权益性收益 34 万元（已在投资方所在地按 15%的税率缴纳了企业所得税）；取得营业外收入 100 万元，发生营业外支出 250 万元（其中含公益捐赠 38 万元）。要求：计算该企业 2014 年应纳的企业所得税。

[习题 2]　某企业 2013 年发生下列业务：

①销售产品收入 2 000 万元；

②转让一项商标所有权，取得营业外收入 60 万元；

③收取当年让渡资产使用权的专利实施许可费，取得其他业务收入 10 万元；

④取得国债利息 2 万元；

⑤全年销售成本 1 000 万元；销售税金及附加 100 万元；

⑥全年销售费用 500 万元，含广告费 400 万元；全年管理费用 200 万元，含招待费 80 万元；全年财务费用 50 万元；

⑦全年营业外支出 40 万元（含通过政府部门对灾区捐款 20 万元；直接对私立小学捐款 10 万元；违反政府规定被工商局罚款 2 万元）。请计算该企业 2014 年应纳企业所得税。

三、知识拓展——企业所得税减免及优惠

所得税又称所得课税、收益税，指国家对法人、自然人和其他经济组织在一定时期内的各种所得征收的一类税收。

在经济增长过程中，消费、投资等要素对经济增长最直接。企业所得税的税后可支配的收入高低，直接影响企业税后可支配的收入高低，影响企业的投资回报率，进而影响投资。

总之，企业所得税对经济增长有直接影响，其促进经济增长的功能是由两个功能实现：所得税率降低；企业不同具体政策的应用，如折旧、存货、投资抵免等政策对微观经济的影响。

(一)减免政策

企业所得税减免是指国家运用税收经济杠杆，为鼓励和扶持企业或某些特殊行业的发展而采取的一项灵活调节措施。企业所得税条例原则规定了两项减免税优惠，一是民族区域自治地方的企业需要照顾和鼓励的，经省级人民政府批准，可以实行定期减税或免税；二是法律、行政法规和国务院有关规定给予减税免税的企业，依照规定执行。对税制改革以前的所得税优惠政策中，属于政策性强，影响面大，有利于经济发展和维护社会安定的，经国务院同意，可以继续执行。

主要包括以下内容：

①经国务院批准的高新技术产业开发区内的高新技术企业，减按15%的税率征收所得税；新办的高新技术企业自投产年度起，免征所得税2年。

②对农村的为农业生产的产前、产中、产后服务的行业，即乡村的农技推广站、植保站、水管站、林业站、畜牧兽医站、水产站。生机站、气象站，以及农民专业技术协会、专业合作社，对其提供的技术服务或劳务所取得的收入，以及城镇其他各类事业单位开展的技术服务或劳务所取得的收入暂免征收所得税；对科研单位和大专院校服务于各业的技术成果转让、技术培训、技术咨询。技术服务、技术承包所取得的技术性服务收入暂免征收所得税；对新办的独立核算的从事咨询业（包括科技、法律、会计、审计、税务等咨询业）、信息业、技术服务业的企业或经营单位，自开业之日起，免征所得税2年；对新办的独立核算的从事交通运输业、邮电通讯业的企业或经营单位，自开业之日起，第一年免征所得税，第二年减半征收所得税；对新办的独立核算的从事公用事业、商业、物资业、对外贸易业、旅游业、仓储业、居民服务业、饮食业、教育文化事业。卫生事业的企业或经营单位，自开业之日起，报经主管税务机关批准，可减征或免征所得税2年。

③企业在原设计规定的产品以外，综合利用该企业生产过程中产生的，在《资源综合利用目录》内的资源作主要原料生产的产品的所得，以及企业利用该企业外的大宗煤矸石、炉渣、粉煤灰作主要原料生产建材产品的所得，自生产经营之日起，免征所得税5年；为处理利用其他企业废弃的，在《资源综合利用目录》内的资源而兴办的企业，经主管税务机关批准，可减征或免征所得税1年。

④在国家确定的"老、少、边、穷"地区新办的企业，经主管税务机关批准后可减征或免征所得税3年。

⑤企业事业单位进行技术转让，以及在技术转让过程中发生的与技术转让有关的技术咨询、技术服务、技术培训的所得，年净收入在30万元以下的，暂免征收所得税。

⑥企业遇有风、火、水、震等严重自然灾害，经主管税务机关批准，可减征或免征所得税1年。

⑦新办的城镇劳动就业服务企业，当年安置城镇待业人员超过企业从业人员总数的60%的，经主管税务机关审查批准，可免征所得税3年；劳动就业服务企业免税期满后，当年新安置待业人员占企业原从业人员总数30%以上的，经主管税务机关审核批准，可减半征收所得税2年。

⑧高等学校和中小学校办工厂、农场自身从事生产经营的所得，暂免征收所得税。高等学校和中小学举办各类进修班、培训班的所得，暂免征收所得税。高等学校和中小学享受税收优惠的校办企业，必须是学校出资自办的，由学校负责经营管理、经营收入归学校所有的企业。下列企业不得享受对校办企业的税收优惠：

a. 将原有的纳税企业转为校办企业；

b. 学校在原校办企业的基础上吸收外单位投资举办的联营企业；

c. 学校向外单位投资举办的联营企业；

d. 学校与其他企业、单位和个人联合创办的企业；

f. 学校将校办企业转租给外单位经营的企业；

e. 学校将校办企业承包给个人经营的企业。

享受税收优惠政策的高等学校和中小学的范围仅限于教育部门所办的普教性学校，不包括电大夜大、业大等各类成人学校，企业举办的职工学校和私人办学校。

⑨对民政部门举办的福利工厂和街道的非中途转办的社会福利生产单位，凡安置“四残”人员占生产人员总数35%以上的，暂免征收所得税；凡安置“四残”人员占生产人员总数的比例超过10%未达到35%的，减半征收所得税。

⑩乡镇企业可按应缴税款减征10%，用于补助社会性开支的费用。

(二)税收优惠

税法规定的税收优惠方式包括免税、减税、加计扣除、加速折旧、减计收入、税额抵免等。

1. 直接减免

(1)免征适用范围

①蔬菜、谷物、油料、豆类、水果等种植；

②农作物新品种选育；

③中药材种植；

④林木种植；

⑤牲畜、家禽饲养；

⑥林产品采集；

⑦灌溉、农产品加工、农机作业与维修；

⑧远洋捕捞；

⑨公司+农户经营。

(2)减半征收适用范围

①花卉、茶及饮料作物、香料作物的种植；

②海水养殖、内陆养殖。

2. 定期减免

(1)2免3减半(自取得第一笔生产经营收入所属纳税年度起)适用范围

①对经济特区和上海浦东新区重点扶持的高新企业；

②境内新办软件企业(获利)；

③小于 0.8 微米的集成电路企业。

(2)3 免 3 减半(自取得第一笔生产经营收入所属纳税年度起)适用范围

①国家重点扶持的公共基础设施项目;

②符合条件的环境保护、节能节水项目;

③节能服务公司实施合同能源管理项目。

3. 低税率

(1)20%适用范围

小型微利企业:a. 3 130(即资产不超过 3 000;人数不超过 100;所得额不超过 30);b. 1 830

(2)15%适用范围

①国家重点扶持的高新企业;

②投资 80 亿元、0.25 微米的电路企业;

③西部开发鼓励类产业企业。

(3)10%适用范围

①非居民企业优惠;

②国家布局内重点软件企业。

4. 减计收入适用范围

①减按收入 90%计入收入;

②农户小额贷款的利息收入;

③为种植、养殖业提供保险业务的保费收入。

任务二 企业所得税的征收管理

一、学习准备

(一)知识准备

1. 了解纳税地点

①一般在企业登记注册地、实际管理机构所在地。

②居民企业在中国境内设立不具有法人资格的营业机构的,应当汇总计算并缴纳企业所得税。

③非居民企业在中国境内设立机构、场所的,应当就其所设机构、场所取得的来源于中国境内的所得,以及发生在中国境外但与其所设机构、场所有实际联系的

所得，以机构、场所所在地为纳税地点；非居民企业未在中国境内设立机构、场所的，或虽设立机构、场所但取得的所得与其所设机构、场所没有实际联系的所得，以扣缴义务人所在地为纳税地点。

④除国务院另有规定外，企业之间不得合并缴纳企业所得税。

2. 熟悉纳税期限

企业所得税按年（自公历 1 月 1 日起到 12 月 31 日止）计征，分月或者分季预缴，年终汇算清缴，多退少补。

自年度终了之日起 5 个月内，向税务机关报送年度企业所得税纳税申报表，并汇算清缴，结清应缴应退税款。

3. 熟悉纳税申报

按月或按季预缴的，应当自月份或者季度终了之日起 15 日内，向税务机关报送预缴企业所得税纳税申报表，预缴税款。

（二）资料准备

1. 利用现有的图书馆以及报刊杂志等，查找有关企业所得税征收的信息资料；

2. 利用现有的电脑、网站等网络环境条件，查找有关企业所得税征收方面信息资料。

二、设计与实施

【学习任务设计】

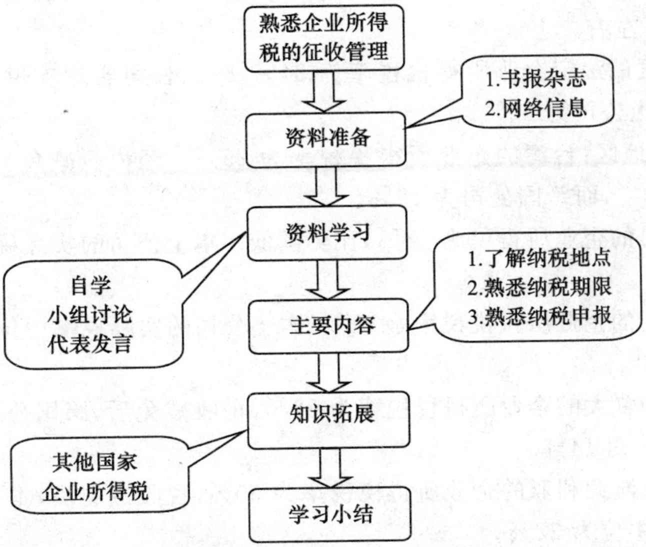

【学习任务实施】

在学生调查研究的基础上，通过头脑风暴法扩大学习成果，并集中集体智慧完成一份较好的综合性的“企业所得税的征收管理的专题调研报告”，每组选一个代表，在全班讲解小组的专题调研报告的形成、思路、学习收获，组员补充收获的内容；教师组织发动全班同学讨论、评价各小组的学习情况，达到全班同学共享学习资源和收获体会，巩固所学的知识内容。

关于企业所得税征收管理的调研报告

前言：介绍本次企业所得税征收管理调查的缘由、目的、时间、地点、方式等；

主体内容：基本概况、突出问题等；

结尾：分析问题、得出结论、解决问题等。

三、知识拓展——其他国家企业所得税

企业所得税税率在全球范围内已不断下降，其中大部分是西方国家对各自的本籍（即在国内注册成立的）跨国公司把自己产生大部分应税所得的业务迁往境外的应对之策。有些国家或地区的公司无须支付企业所得税，而还有一些国家或地区的公司要把企业利润的 1/3 上交给政府。

马来西亚：马来西亚本土公司缴纳的税率平均为 19%，而跨国公司缴纳的税率平均为 17%左右。

印度：印度的法定企业所得税税率为 34%，跨国公司实际支付的税率中位数仅为 17%；本土公司为 22%。

中国台湾地区：台湾的企业所得税税率为 25%。经税收减免后，本土公司税率中位数为 20%，而跨国公司为 18%。

瑞典：瑞典的企业所得税为 28%，比美国低。本土公司的实际税率仅 10%，跨国公司为 18%。

瑞士：瑞士的企业所得税税率是 21%，本土公司的实际税率中位数为 17%，而跨国公司为 19%。

加拿大：加拿大的企业所得税税率为 36%，税收减免后，跨国公司税率中位数仅 21%，本土公司 14%。

澳大利亚：澳大利亚的企业所得税税率为 30%，税收减免后，本土公司及跨国公司实际税率中位为 22%。

法国:法国企业的基准税率为35%。税收减免后,本土公司实际税率中位数为25%,跨国公司为23%。

美国:美国跨国公司企业所得税是35%。税收减免后,本土公司税率中位数为23%,跨国公司28%。

德国:德国本土公司及跨国公司的法定所得税税率为37%,但缴付的实际税率中位数分别为16%和24%。

英国:英国跨国公司及本土公司的法定企业所得税税率是30%。但经税收减免之后,本土公司的总税收负担是20%左右,而跨国公司则为24%左右。

日本:日本法定企业所得税为40%,本土公司实际税率为37%,而大型跨国公司实际税率为38%,均为全球最高。

四、综合评价

(一)教师评价

1.对整个学习内容的归纳;

2.对学习过程的总体评价。

(二)学生评价

1.对教师授课效果的评价;

2.对学习效果的评价。

项目八　个人所得税

【项目目标】

完成本项目学习任务后，你应该能

1. 理解个人所得税的概念，理解个人所得税的纳税人；
2. 掌握个人所得税的计税依据；
3. 知晓个人所得税的计算。

【项目任务描述】

个人所得税属于所得税中的一种。通过教师组织引导，学生听课、自学、讨论和案例分析等，理解个人所得税的概念、征收范围；掌握个人所得税的纳税人；熟悉个人所得税的税率。通过本项目的学习，激发学生的学习兴趣，并树立依法纳税意识。

任务一　个人所得税的计算

相关链接

个人所得税法从1980年颁布通过至今，共经历6次修订，最近三次调整中，提高免征额都是核心内容。2011年免征额提高到3 500元，使得个税纳税人群从8 400万减至2 400万，工薪纳税人群从28%下降到8%。但是广大群众对当前的个税征收仍不满意，甚至还有人将其称为是“工薪税”。那么我国的个税征收究竟出了什么问题呢？一个主要原因是中低收入者是承担个税的主要对象，而真正高收入群体却通过多种手段避税，有些是合理的，但更多的情况是偷逃个税且数额巨大。

一、学习准备

(一)知识准备

1. 个人所得税基本知识

(1)个人所得税的概念

个人所得税是以个人(自然人)取得的各项应税所得为征税对象所征收的一种税。

(2)个人所得税的纳税义务人

凡在中国境内有住所,或者无住所而在中国境内居住满一年的个人,从中国境内和境外取得所得的,以及在中国境内无住所又不居住或者无住所而在境内居住不满一年的个人,从中国境内取得所得的,均为个人所得税的纳税人。

(3)个人所得税的征税内容

个人所得税分为境内所得和境外所得。主要包括以下10项内容:

①工资、薪金所得;

②个体工商户的生产、经营所得;

③企事业单位的承包经营、承租经营所得;

④劳务报酬所得;

⑤稿酬所得;

⑥特许权使用费所得;

⑦利息、股息、红利所得;

⑧财产租赁所得;

⑨财产转让所得;

⑩偶然所得。

(4)个人所得税的税率

个人所得税根据不同的征税项目,分别规定了三种不同的税率:

①工资、薪金所得,适用7级超额累进税率,按月应纳税所得额计算征税。该税率按个人月工资、薪金应税所得额划分级距,最高一级为45%,最低一级为3%,共7级。

扣除标准3 500元/月(2011年9月1日起正式执行)(工资、薪金所得适用)。

个税免征额3 500元(工资薪金所得适用)。

级数	全月应纳税所得额	税率(%)	速算扣除数
1	不超过 1 500 元	3	0
2	超过 1 500 元至 4 500 元的部分	10	105
3	超过 4 500 元至 9 000 元的部分	20	555
4	超过 9 000 元至 35 000 元的部分	25	1 005
5	超过 35 000 元至 55 000 元的部分	30	2 755
6	超过 55 000 元至 80 000 元的部分	35	5 505
7	超过 80 000 元的部分	45	13 505

(税率资讯网提供)

②个体工商户的生产、经营所得和对企事业单位适用 5 级超额累进税率。适用按年计算、分月预缴税款的个体工商户的生产、经营所得和对企事业单位的承包经营、承租经营的全年应纳税所得额划分级距,最低一级为 5%,最高一级为 35%,共 5 级。

③比例税率。对个人的稿酬所得,劳务报酬所得,特许权使用费所得,利息、股息、红利所得,财产租赁所得,财产转让所得,偶然所得和其他所得,按次计算征收个人所得税,适用 20%的比例税率。其中,对稿酬所得适用 20%的比例税率,并按应纳税额减征 30%;对劳务报酬所得一次性收入畸高的、特高的,除按 20%征税外,还可以实行加成征收,应纳税所得额超过 2 万～5 万元的部分,依照税法规定计算应纳税额后再按照应纳税额加征五成;超过 5 万元的部分,加征十成,以保护合理的收入和限制不合理的收入。

2. 个人所得税的计税依据

个人所得税的计税依据是纳税人取得的应纳税所得额。应纳税所得额为个人取得的各项收入减去税法规定的扣除项目或扣除金额后的余额。

3. 个人所得税的计算

(1)工资、薪金所得

应纳税额=应纳税所得额×适用税率-速算扣除数

其中:应纳税所得额=每月收入额-3 500 或 4 800

(2)个体工商户的生产、经营所得

应纳税额=应纳税所得额×适用税率-速算扣除数

其中:应纳税所得额=收入总额-成本、费用以及损失等

(3)特许权使用费所得、财产租赁所得

①每次收入不足 4 000 元的:

应纳税额=应纳税所得额×适用税率

=(每次收入额-800)×20%×(1-30%)

②每次收入在 4 000 元以上的：

应纳税额＝应纳税所得额×适用税率
＝每次收入额×(1－20％)×20％×(1－30％)

(4)财产转让所得

应纳税额＝应纳税所得额×适用税率
＝(收入总额－财产原值－合理税费)×20％

(5)利息、股息、红利所得和偶然所得

应纳税额＝应纳税所得额×适用税率
＝每次收入额×20％

(二)资料准备

1. 利用现有的图书馆以及报刊杂志等，查找有关个人所得税计税依据的信息资料；

2. 利用现有的电脑、网站等网络环境条件，查找有关个人所得税计算方面信息资料。

二、设计与实施

【学习任务设计】

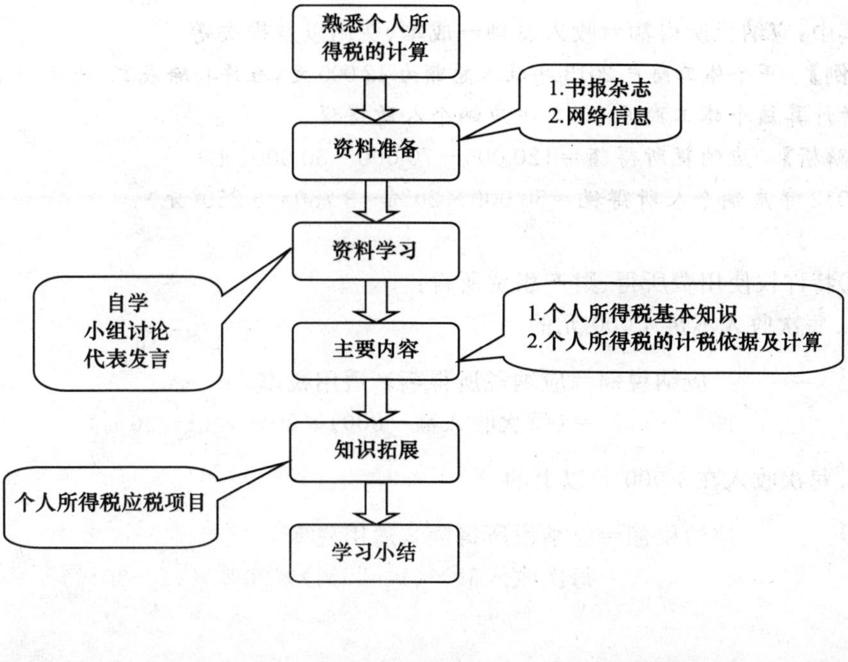

【学习任务实施】

1.课前准备

(1)在老师指导下,学生课前查询个人所得税的概念、税率等基本知识。

(2)到当地税务部门调查了解个人所得税的情况。

2.课堂上

(1)分成若干小组,每组选一个代表发言,组员进行补充;教师组织讨论并评价各小组的学习情况。

(2)共同学习讨论个人所得税的计算。

①工资、薪金所得:

应纳税额=应纳税所得额×适用税率-速算扣除数

其中:应纳税所得额=每月收入额-3 500或4 800

【例】 2014年8月,某纳税人含税工资为6 000元,该纳税人不适用减除费用规定。请计算该纳税人2014年8月应纳个人所得税。

【解析】 应纳税所得额=6 000-3 500=2 500(元)

2014年8月应纳个人所得税=2 500×10%-105=145(元)

②个体工商户的生产、经营所得:

应纳税额=应纳税所得额×适用税率-速算扣除数

其中:应纳税所得额=收入总额-成本、费用以及损失等

【例】 甲个体工商户2013年收入总额为12 000元,准许扣除成本、费用为70 000元。请计算该个体工商户2013年应纳个人所得税。

【解析】 应纳税所得额=120 000-70 000=50 000(元)

2013年应纳个人所得税=50 000×20%-3 750=6 250(元)

③特许权使用费所得、财产租赁所得:

A.每次收入不足4 000元的

应纳税额=应纳税所得额×适用税率
=(每次收入额-800)×20%×(1-30%)

B.每次收入在4 000元以上的

应纳税额=应纳税所得额×适用税率
=每次收入额×(1-20%)×20%×(1-30%)

④财产转让所得：

$$应纳税额=应纳税所得额\times适用税率$$
$$=(收入总额-财产原值-合理税费)\times20\%$$

⑤利息、股息、红利所得和偶然所得：

$$应纳税额=应纳税所得额\times适用税率=每次收入额\times20\%$$

3.课堂训练

[**习题1**] 王某于2014年9月份外出参加营业性演出，一次取得劳务报酬60 000元。要求：计算王某应缴纳的个人所得税。

[**习题2**] 某演员到一市进行文艺演出，取得收入8万元，将2万元通过有关部门捐给希望工程。要求：计算该演员应纳的个人所得税额。

三、知识拓展——个人所得税应税项目详细资料

个人所得税分为境内所得和境外所得。主要包括以下11项内容：

(一)工资、薪金所得

工资、薪金所得，是指个人因任职或受雇而取得的工资、薪金、奖金、年终加薪、劳动分红、津贴、补贴以及与任职或受雇有关的其他所得。

(二)个体工商户的生产、经营所得

(三)企事业单位的承包经营、承租经营所得

企事业单位的承包经营、承租经营所得，是指个人承包经营、承租经营以及转包、转租取得的所得，包括个人按月或者按次取得的工资、薪金性质的所得。

(四)劳务报酬所得

劳务报酬所得，是指个人从事设计、装潢、安装、制图、化验、测试、医疗、法律、会计、咨询、讲学、新闻、广播、翻译、审稿、书画、雕刻、影视、录音、录像、演出、表演、广告、展览、技术服务、介绍服务、经济服务、代办服务以及其他劳务取得的所得。

(五)稿酬所得

稿酬所得，是指个人因其作品以图书、报纸形式出版、发表而取得的所得。这里所说的“作品”，是指包括中外文字、图片、乐谱等能以图书、报刊方式出版、发表的作品；“个人作品”，包括本人的著作、翻译的作品等。个人取得遗作稿酬，应按稿酬所得项目计税。

(六)特许权使用费所得

特许权使用费所得，是指个人提供专利权、著作权、商标权、非专利技术以及其

他特许权的使用权取得的所得。提供著作权的使用权取得的所得，不包括稿酬所得。作者自己文字作品手稿原件或复印件公开拍卖(竞价)取得的所得，应按特许权使用费所得项目计税。

(七)利息、股息、红利所得

利息、股息、红利所得，是指个人拥有债权、股权而取得的利息、股息、红利所得。利息是指个人的存款利息、货款利息和购买各种债券的利息。股息，也称股利，是指股票持有人根据股份制公司章程规定，凭股票定期从股份公司取得的投资利益。红利，也称公司(企业)分红，是指股份公司或企业根据应分配的利润按股份分配超过股息部分的利润。股份制企业以股票形式向股东个人支付股息、红利即派发红股，应以派发的股票面额为收入额计税。

(八)财产租赁所得

财产租赁所得，是指个人出租建筑物，土地使用权、机器设备车船以及其他财产取得的所得。财产包括动产和不动产。

(九)财产转让所得

财产转让所得，是指个人转让有价证券、股权、建筑物、土地使用权、机器设备、车船以及其他自有财产给他人或单位而取得的所得，包括转让不动产和动产而取得的所得。对个人股票买卖取得的所得暂不征税。

(十)偶然所得

偶然所得，是指个人取得的所得是非经常性的，属于各种机遇性所得，包括得奖、中奖、中彩以及其他偶然性质的所得(含奖金、实物和有价证券)。个人购买社会福利有奖募捐奖券、中国体育彩票，一次中奖收入不超过 10 000 元的，免征个人所得税，超过 10 000 元的，应以全额按偶然所得项目计税。

(十一)其他所得

除上述 10 项应税项目以外，其他所得应确定征税的，由国务院财政部门确定。

免税率亦称“税率为零”，指对某种课税对象和某个特定环节上的课税对象，以零表示的税率。从理论上说，零税率与免税是不同的。免税是指对某种课税对象和某种纳税人，免除其本身负担的应纳税额，而外购的货物或劳务仍然是含税的。

税率为零不仅纳税人本环节课税对象不纳税，而且以前各环节转移过来的税款亦须退还，才能实现税率为零。但在实际工作中，税率为零的含义在不同税种上的使用，并不严格。如所得税往往对应纳税所得额的免税金额部分以零税率表示，当然所得税并无转移税额的问题。再如固定资产投资方向调节税，规定税率为零的投资项目仅指免掉投资项目本身应纳税额，其外购各种商品和劳务，实际上都是含税的，并不退还其已纳增值税税额。真正体现零税率理论上定义的，是增值税对出口产品实行零税率，即纳税人出口产品不仅可以不纳本环节增值额的应纳税额，而且可以退还以前各环节增值额的已纳税款。

增值税的免税规定，只是免除纳税人本环节增值额的应纳税额，纳税人购进的货物和劳务中仍然是含税的。对出口产品实行零税率，目的在于奖励出口，使我国产品在国际市场上以完全不含税的价格参与竞争。

任务二 个人所得税的征收管理

一、学习准备

(一)知识准备

1. 征收方式

个人所得税的征收方式主要有两种：一是代扣代缴；二是自行纳税申报。此外，一些地方为了提高征管效率，方便纳税人，对个别应税所得项目，采取了委托代征的方式。

(1)代扣代缴

代扣代缴是依照税法规定负有代扣代缴义务的单位或个人，在向个人支付应纳税额时，应计算应纳税额，从纳税人持有的收入中扣除并缴入国库，同时向税务机关报送扣缴个人所得税报告表的一种纳税方式。

(2)自行申报

自行申报纳税是指在税法规定的纳税期限内，由纳税人自行向税务机关申报取得的应税所得项目和数额，如实填写个人所得税纳税申报表，并按税法规定计算应纳税额，据此缴纳个人所得税的一种纳税方式。

有以下情形之一的纳税义务人，应当自行申报纳税：

①年所得 12 万元以上的；

②从中国境内两处或者两处以上取得工资、薪金所得的；

③从中国境外取得所得的；

④取得应税所得，没有扣缴义务人的；

⑤国务院规定的其他情形。

2. 纳税期限

(1)代扣代缴期限

扣缴义务人每月扣缴的税款，应当在次月15日内缴入国库。

(2)自行申报纳税期限

一般情况下，纳税人应在取得应纳税所得的次月15日内向主管税务机关申报所得并缴纳税款。

3. 纳税地点

(1)个人所得税自行申报的，其申报地点一般应为收入来源地的主管税务机关。

(2)纳税人从两处或两处以上取得工资、薪金的，可选择并固定在其中一地税务机关申报纳税。

(3)从境外取得所得的，应向其境内户籍所在地或经营居住地税务机关申报纳税。

(4)扣缴义务人应向其主管税务机关进行纳税申报。

纳税人要求变更申报纳税地点的，须经原主管税务机关批准。

(二)资料准备

1. 利用现有的图书馆以及报刊杂志等，查找有关个人所得税征收的信息资料；

2. 利用现有的电脑、网站等网络环境条件，查找有关个人所得税征收方面信息资料。

二、设计与实施

【学习任务设计】

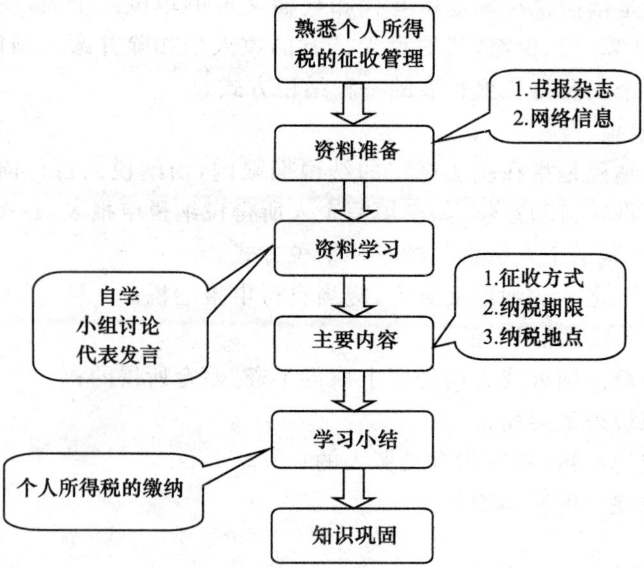

【学习任务实施】

1. 课前准备

(1)在老师指导下,学生课前查询个人所得税的征收管理资料。

(2)调查当地个人所得税征收情况。

2. 课堂上

(1)分成若干小组,每组选一个代表发言,组员进行补充;教师组织讨论并评价各小组的学习情况。

(2)共同探讨个所得税的缴纳。

①代扣代缴。代扣代缴是依照税法规定负有代扣代缴义务的单位或个人,在向个人支付应纳税额时,应计算应纳税额,从纳税人持有的收入中扣除并缴入国库,同时向税务机关报送扣缴个人所得税报告表的一种纳税方式。

工资薪金所得税实行扣缴制,由企业在发放给职工前进行代扣代缴,先到地税局办理代扣代缴相关手续。然后在发放工资前,由企业财务人员按照税法规定,核算出每个人的应纳税所得额(以个人 1 个月的工资收入总数－3 500－税法规定可扣除项目,如个人缴纳的住房公积金、养老保险等),结果小于 0 的不纳税,大于 0 的根据个人所得税税率表进行计算,如小于 1 500 元,税率为 3%,超过 1 500～4 500 元,税率为 10%,速算扣除数 105,以此类推。按照以上方法把每个人的应纳税都算出来后,统一到当地地税局申报缴纳即可。

如章辉 2015 年 6 月工资为 6 000 元,6 000－3 500－500＝2 000(元)(假设你个人缴纳的住房公积金、社保等可扣除数为 500)。

2 000 元适用 10%税率,速算扣除数为 105 元,则章辉应纳个人所得税税额为 2 000×10%－105＝95(元)。

②自行申报。自行申报纳税是指在税法规定的纳税期限内,由纳税人自行向税务机关申报取得的应税所得项目和数额,如实填写个人所得税纳税申报表,并按税法规定计算应纳税额,据此缴纳个人所得税的一种纳税方式。

3. 课堂讨论

思考:如何减少个人所得税税款的流失,树立自觉纳税意识。

三、知识巩固

个人所得税的征收管理。

四、综合评价

(一)教师评价

1. 对整个学习内容的归纳；
2. 对学习过程的总体评价。

(二)学生评价

1. 对教师授课效果的评价；
2. 对学习效果的评价。

项目九　其他税种

【项目目标】

完成本项目学习任务后，你应该能

1. 理解城镇土地使用税、房产税、耕地占用税的概念、征收范围；
2. 熟悉城镇土地使用税、房产税、耕地占用税的纳税人、征税内容、税率；
3. 知晓城镇土地使用税、房产税、耕地占用税的计算。

【项目任务描述】

本项目介绍除流转税与所得税外的其他税种。通过教师组织引导，学生听课、自学、讨论和案例分析等，理解城镇土地使用税、房产税、耕地占用税的概念、征收范围；熟悉城镇土地使用税、房产税、耕地占用税的纳税人、征税内容、税率。通过本项目的学习，激发学生的学习兴趣，并树立依法纳税意识。

任务一　认知城镇土地使用税

【案例】 三个单位共同拥有一块土地使用权，其中一方占50%，另两方分别占20%及30%，如果税额共计为100万元，请计算三个单位各自应负担的土地使用税。

【解析】 三个单位分别按50万元、20万元、30万元的数额负担土地使用税。

一、学习准备

(一)知识准备

城镇土地使用税是以开征范围的土地为征税对象，以实际占用的土地面积为计税标准，按规定税额对拥有土地使用权的单位和个人征收的一种行为税。属于资源税。

1. 纳税义务人

①拥有土地使用权的单位和个人是纳税人。

②拥有土地使用权的单位和个人不在土地所在地的，其土地的实际使用人和代管人为纳税人。

③土地使用权未确定的或权属纠纷未解决的，其实际使用人为纳税人；

④土地使用权共有的，共有各方都是纳税人，由共有各方分别纳税。

2. 征税范围

城市、县城、建制镇和工矿区的国家所有、集体所有的土地。

从 2007 年 7 月 1 日起，外商投资企业、外国企业和在华机构的用地也要征收城镇土地使用税。

3. 计税依据

城镇土地使用税以实际占用的土地面积为计税依据。

①凡有由省、自治区、直辖市人民政府确定的单位组织测定土地面积的，以测定的面积为准。

②尚未组织测量，但纳税人持有政府部门核发的土地使用证书的，以证书确认的土地面积为准。

③尚未核发出土地使用证书的，应由纳税人申报土地面积，据以纳税，待核发土地使用证以后再作调整。

注意：税务机关不能核定纳税人实际使用的土地面积。

4. 税率

城镇土地使用税适用地区幅度差别定额税率。

城镇土地使用税采用定额税率，即采用有幅度的差别税额。按大、中、小城市和县城、建制镇、工矿区分别规定每平方米城镇土地使用税年应纳税额。城镇土地使用税每平方米年税额标准具体规定如下：

①大城市 1.5～30 元；

②中等城市 1.2～24 元；

③小城市 0.9～18 元；

④县城、建制镇、工矿区 0.6～12 元。

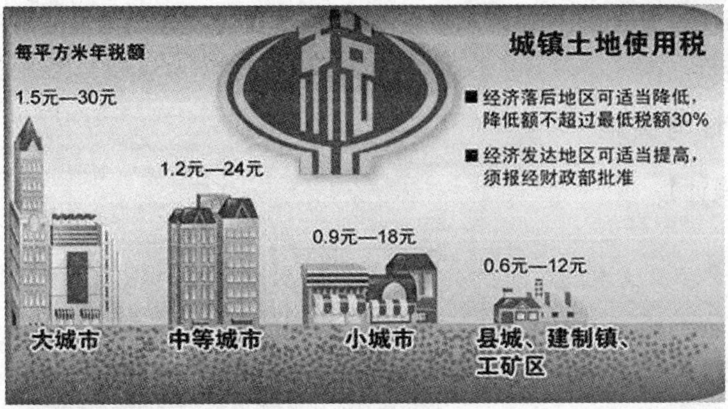

5.税额计算

城镇土地使用税根据实际使用土地的面积，按税法规定的单位税额交纳。其计算公式如下：

应纳城镇土地使用税额＝应税土地的实际占用面积×适用单位税额

一般规定每平方米的年税额，大城市为0.50～10.00元；中等城市为0.40～8.00元；小城市为0.30～6.00元；县城、建制镇、工矿区为0.20～4.00元。房产税、车船使用税和城镇土地使用税均采取按年征收，分期交纳的方法。

6.征收管理

纳税义务发生时间：

注意从当月起交税的，如填海、开荒山整治的土地和废弃地的用地自使用之日起开始。

纳税人新征用的耕地，自批准征用之日起满一年时开始缴纳土地使用税，其余都是从次月起缴纳，如：

出租、出借房产，自交付出租、出借房产之次月起计征城镇土地使用税；

购置新建商品房，自房屋交付使用之次月起计征城镇土地使用税；

购置存量房，自办理房屋权属转移、变更登记手续，房地产权属登记机关签发房屋权属证书之次月起计征城镇土地使用税；

房地产开发企业自用、出租、出借该企业建造的商品房，自房屋使用或交付之次月起计征城镇土地使用税。

（二）资料准备

1.利用现有的图书馆以及报刊杂志等，查找有关个人所得城镇土地使用税税率、计算的信息资料；

2. 利用现有的电脑、网站等网络环境条件，查找有关城镇土地使用税基本内容方面信息资料。

二、设计与实施

【学习任务设计】

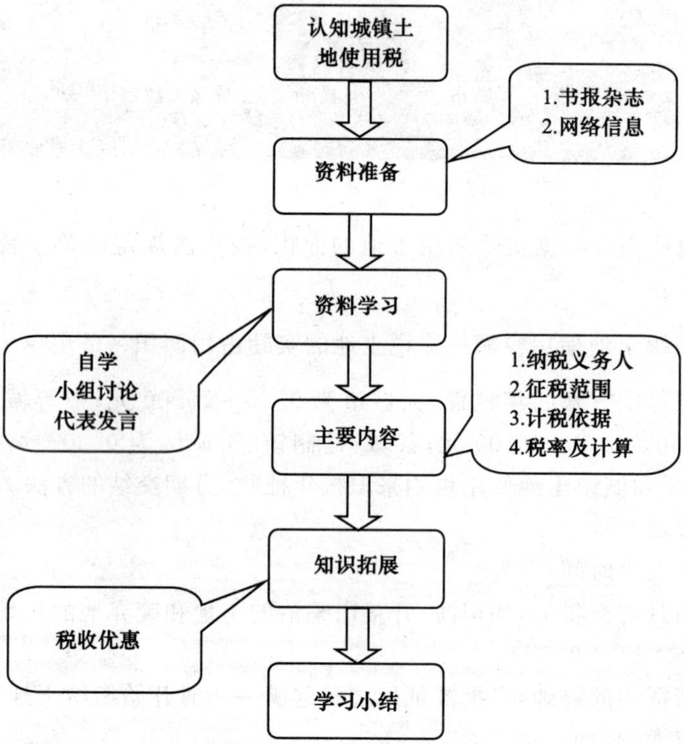

【学习任务实施】

1. 课前准备

(1)在老师指导下，学生课前查询城镇土地使用税的概念、纳税人、税率等基本知识。

(2)调查当地城镇土地使用税情况。

2. 课堂上

(1)分成若干小组，每组选一个代表发言，组员进行补充；教师组织讨论并评价各小组的学习情况。

(2)共同学习讨论城镇土地使用税的计算。

城镇土地使用税根据实际使用土地的面积，按税法规定的单位税额交纳。其计算公式如下：

应纳城镇土地使用税额＝应税土地的实际占用面积×适用单位税额

一般规定每平方米的年税额，大城市为 0.50～10.00 元；中等城市为 0.40～8.00 元；小城市为 0.30～6.00 元；县城、建制镇、工矿区为 0.20～4.00 元。房产税、车船使用税和城镇土地使用税均采取按年征收，分期交纳的方法。

3. 课堂训练

明宇公司占用土地面积为 1 500 米^2，每平方米年税额为 6 元；税务部门规定对城镇土地使用税在季末后 10 日内交纳，2015 年 1 月 31 日计算本月份应交纳城镇土地使用税。

三、知识拓展——税收优惠

主要有两大类优惠：

(一)国家预算收支单位的自用地免税

①国家机关、人民团体、军队自用的土地。但如果是对外出租、经营用则还是要交土地使用税。

②由国家财政部门拨付事业经费的单位自用的土地。

③宗教寺庙、公园、名胜古迹自用的土地。经营用地则不免。

④市政街道、广场、绿化地带等公共用地。

⑤直接用于农、林、牧、渔业的生产用地。

⑥经批准开山填海整治的土地和改造的废弃土地，从使用的月份起免缴城镇土地使用税 5～10 年。

⑦对非营利性医疗机构、疾病控制机构和妇幼保健机构等卫生机构自用的土地，免征城镇土地使用税。对营利性医疗机构自用的土地自 2000 年起免征城镇土地使用税 3 年。

⑧企业办的学校、医院、托儿所、幼儿园，其用地能与企业其他用地明确区分的，免征城镇土地使用税。

⑨免税单位无偿使用纳税单位的土地(如公安、海关等单位使用铁路、民航等单位的土地)，免征城镇土地使用税。纳税单位无偿使用免税单位的土地，纳税单位应照章缴纳城镇土地使用税。纳税单位与免税单位共同使用、共有使用权的土地上的多层建筑，对纳税单位可按其占用的建筑面积占建筑总面积的比例计征城镇土地使用税。例如一共是 15 层的大厦，一单位租用 5 层，一单位租用 10 层，则

并不是只占有一层的单位交税。

⑩对行使国家行政管理职能的中国人民银行总行(含国家外汇管理局)所属分支机构自用的土地,免征城镇土地使用税。

(二)国有重点扶植项目免税

①对企业的铁路专用线,公路等用地,在厂区以外,与社会公用地段未加隔离的,暂免征收土地使用税。

②对企业厂区以外的公共绿化用地和向社会开放的公园用地,暂免征收城镇土地使用税。

③对水利设施及其管护用地(如水库库区,大坝,堤防,灌渠,泵站等用地),免征土地使用税;其他用地,如生产,办公,生活用地,应照章征收土地使用税。

④对林区的有林地,运材道,防火道,防火设施用地,免征土地使用税。林业系统的森林公园,自然保护区,可比照公园免征土地使用税。

⑤对高校后勤实体免征城镇土地使用税。

任务二 认知房产税

相关链接

2010 年 7 月 22 日,在财政部举行的地方税改革研讨会上,相关人士表示,房产税试点将于 2012 年开始推行。但鉴于全国推行难度较大,试点将从个别城市开始。

2011 年 1 月 28 日,上海重庆开始房产税试点改革,上海征收对象为本市居民新购房且属于第二套及以上住房和非本市居民新购房,税率暂定 0.6%;重庆征收对象是独栋别墅高档公寓,以及无工作户口无投资人员所购二套房,税率为 0.5%~1.2%。

2014 年 1 月,住建部力推村庄整治,房产税立法或含村镇房屋。

一、学习准备

(一)知识准备

房产税,又称房屋税,是国家以房产作为课税对象向产权所有人征收的一种财产税。对房产征税的目的是运用税收杠杆，加强对房产的管理，提高房产使用效率，控制固定资产投资规模和配合国家房产政策的调整，合理调节房产所有人和经营人的收入。

1.税收特点

①房产税属于财产税中的个别财产税，其征税对象只是房屋；

②征收范围限于城镇的经营性房屋；

③区别房屋的经营使用方式规定征税办法，对于自用的按房产计税余值征收，对于出租房屋按租金收入征税。

注意房屋出典不同于出租，出典人收取的典价也不同于租金。因此，不应将其确定为出租行为从租计征，而应按房产余值计算缴纳。为此，《财政部、国家税务总局关于房产税城镇土地使用税有关问题的通知》(财税〔2009〕128号)明确规定，产权出典的房产，由承典人依照房产余值缴纳房产税，税率为1.2%。

2.征收范围

房产税暂行条例规定，房产税在城市、县城、建制镇和工矿区征收。城市、县城、建制镇、工矿区的具体征税范围，由各省、自治区、直辖市人民政府确定。

3.征收标准

房产税征收标准从价或从租两种情况：

(1)从价计征的，其计税依据为房产原值一次减去10%～30%后的余值。

(2)从租计征的(即房产出租的)，以房产租金收入为计税依据。从价计征10%～30%的具体减除幅度由省、自治区、直辖市人民政府确定。如浙江省规定具体减除幅度为30%。

4.征收期限

房产税征收期限可结合房屋情况咨询当地房管部门或税务部门。

根据《中华人民共和国房产税暂行条例》第七条明确规定：房产税按年征收、分期缴纳。纳税期限由省、自治区、直辖市人民政府规定。所以，各城市的征税时间并不一致。

5.征收对象

房产税的征税对象是房产。所谓房产，是指有屋面和围护结构，能够遮风避雨，可供人们在其中生产、学习、工作、娱乐、居住或储藏物资的场所。但独立于房屋的建筑物如围墙、暖房、水塔、烟囱、室外游泳池等不属于房产。但室内游泳池属于房产。

由于房地产开发企业开发的商品房在出售前，对房地产开发企业而言是一种产品，因此，对房地产开发企业建造的商品房，在售出前，不征收房产税；但对售出前房地产开发企业已使用或出租、出借的商品房应按规定征收房产税。

负有缴纳房产税义务的单位与个人。房产税由产权所有人缴纳。产权属于全民所有的,由经营管理单位缴纳。产权出典的,由承典人缴纳。产权所有人、承典人不在房产所在地的,或者产权未确定及租典纠纷未解决的,由房产代管人或使用人缴纳。因此,上述产权所有人,经营管理单位、承典人、房产代管人或者使用人,统称房产税的纳税人。

①产权属国家所有的,由经营管理单位纳税;产权属集体和个人所有的,由集体单位和个人纳税;

②产权出典的,由承典人纳税;

③产权所有人、承典人不在房屋所在地的,由房产代管人或者使用人纳税;

④产权未确定及租典纠纷未解决的,亦由房产代管人或者使用人纳税;

⑤无租使用其他房产的问题。纳税单位和个人无租使用房产管理部门、免税单位及纳税单位的房产,应由使用人代为缴纳房产税;

⑥产权属于集体所有制的,由实际使用人纳税

外商投资企业和外国企业、外籍个人、海外华侨、港澳台同胞所拥有的房产不征收房产税。

6.征收税率

①按房产余值计征的,年税率为1.2%;

②按房产出租的租金收入计征的,税率为12%。从2001年1月1日起,对个人按市场价格出租的居民住房,用于居住的,可暂减按4%的税率征收房产税。

7.计税依据

(1)从价计征

按照房产余值征税的,称为从价计征。

房产税依照房产原值一次减除10%~30%后的余值计算缴纳。

扣除比例由省、自治区、直辖市人民政府在税法规定的减除幅度内自行确定。这样规定,既有利于各地区根据本地情况,因地制宜地确定计税余值,又有利于平衡各地税收负担,简化计算手续,提高征管效率。

房产原值:应包括与房屋不可分割的各种附属设备或一般不单独计算价值的配套设施。主要有:暖气,卫生,通风等,纳税人对原有房屋进行改建、扩建的,要相应增加房屋的原值。

(2)从租计征

按照房产租金收入计征的,称为从租计征,房产出租的,以房产租金收入为房产税的计税依据。

8.注意事项

①房产出租的,以房产租金收入为房产税的计税依据。对投资联营的房产,在

计征房产税时应予以区别对待。共担风险的，按房产余值作为计税依据，计征房产税；对收取固定收入，应由出租方按租金收入计缴房产税。

②对融资租赁房屋的情况，在计征房产税时应以房产余值计算征收，租赁期内房产税的纳税人，由当地税务机关根据实际情况确定。

③新建房屋交付使用时，如中央空调设备已计算在房产原值之中，则房产原值应包括中央空调设备；旧房安装空调设备，一般都作单项固定资产入账，不应计入房产原值。

（二）资料准备

1. 利用现有的图书馆以及报刊杂志等，查找有关房产税基本内容的信息资料；

2. 利用现有的电脑、网站等网络环境条件，查找有关房产税征收方面信息资料。

二、设计与实施

【学习任务实施】

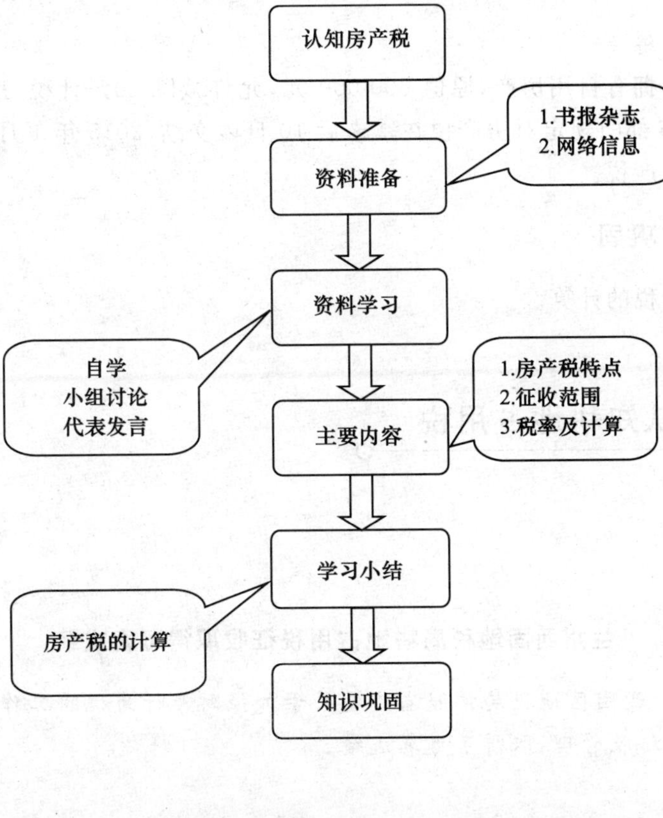

【学习任务实施】

1.课前准备

在老师指导下，学生课前查询房产税的概念、计税依据等基本知识。

2.课堂上

(1)分成若干小组，每组选一个代表发言，组员进行补充；教师组织讨论并评价各小组的学习情况。

(2)共同学习房产税应纳税额的计算。

房产税税率采用比例税率。按照房产余值计征的，年税率为1.2%；按房产租金收入计征的，年税率为12%。

房产税应纳税额的计算分为以下两种情况，其计算公式为：

①以房产原值为计税依据的

应纳税额＝房产原值×(1－10%或30%)×税率(1.2%)

②以房产租金收入为计税依据的

应纳税额＝房产租金收入×税率(12%)

3.课堂训练

明宇公司拥有自用房产，原值600 000元，允许减除20%计税，房产税年税率为1.2%；税务部门规定对房产税在季末后10日内交纳，2015年1月31日计算本月份应交纳房产税。

三、知识巩固

巩固房产税的计算。

任务三　认知耕地占用税

相关链接

兰州西固地税局耕地占用税征收取得可喜成绩

今年以来，西固区地税局按照省市局关于加强财产行为税的工作要求，加强对耕地占用税的征收管理，取得了可喜成绩。

1.高度重视。该局非常重视对耕地占用税的征收管理,组织召开专项整治工作会议,对此项工作统筹谋划,精心组织,全面查摆耕地占用税征收工作中存在的困难和问题,有针对性地制定措施,为工作顺利开展打下坚实基础。

2.加大宣传。该局大力宣传耕地占用税的相关税收知识、征收标准以及办税流程,尤其对重大项目占地采用上门宣传和纳税辅导相结合的方式,既向纳税人宣传,也向政府部门宣传,确保此项工作得到政府部门的支持和纳税人的理解。

3.注重协作。为了推进工作落实,该局抽调专人,对耕地占用单位进行梳理,详细了解了15个已开工项目的耕地占用情况,根据不同企业不同项目分别下达了《耕地占用税纳税通知书》,同时,建立了与西固区国土资源局的协作机制,签订《委托代征协议》,为促进土地交易秩序的规范提供了组织保障。截至目前,已有2家单位3个项目前来该局咨询或缴纳耕地占用税,共入库耕地占用税13.2万元,代扣耕地占用税1 545万元,清理工作取得了开门红。——中国兰州网(2015年7月)

一、学习准备

(一)知识准备

耕地占用税征税范围包括占用的国家所有和集体所有的耕地。耕地是种植农作物的土地,包括菜地、园地。园地包括花圃、苗圃、茶园、果园、桑园和其他种植经济林木的土地。占用鱼塘及其他农用土地建房或从事其他非农业建设视同占用耕地。用已开发的滩涂、草场、水面和林地,由省、自治区和直辖市结合情况确定是否征收耕地占用税。在占用之前3年内属于规定范围的耕地或农用土地,也视为耕地。

1.认知耕地占用税的计税依据

耕地占用税以纳税人实际占用的耕地面积为计税依据,以平方米为计量单位。

2.了解耕地占用税的特点

耕地占用税作为一个出于特定目的、对特定的土地资源课征的税种,与其他税种相比,具有比较鲜明的特点,主要表现在:

(1)兼具资源税与特定行为税的性质

耕地占用税以占用农用耕地建房或从事其他非农用建设的行为为征税对象,以约束纳税人占用耕地的行为、促进土地资源的合理运用为课征目的,除具有资源占用税的属性外,还具有明显的特定行为税的特点。

(2)采用地区差别税率

耕地占用税采用地区差别税率，根据不同地区的具体情况，分别制定差别税额，以适应中国地域辽阔、各地区之间耕地质量差别较大、人均占有耕地面积相差悬殊的具体情况，具有因地制宜的特点。

(3)在占用耕地环节一次性课征

耕地占用税在纳税人获准占用耕地的环节征收，除对获准占用耕地后超过两年未使用者须加征耕地占用税外，此后不再征收耕地占用税。因而，耕地占用税具有一次性征收的特点。

(4)税收收入专用于耕地开发与改良

耕地占用税收入按规定应用于建立发展农业专项基金，主要用于开展宜耕土地开发和改良现有耕地之用，因此，具有“取之于地、用之于地”的补偿性特点。

3.认知耕地占用税的纳税义务人

纳税义务人负有缴纳耕地占用税义务的单位和个人。包括在境内占用耕地建房或者从事其他非农业建设的单位和个人。具体可分为三类：

①企业、行政单位、事业单位；

②乡镇集体企业、事业单位；

③农村居民和其他公民。

4.熟悉耕地占用税的征税范围

耕地占用税的征税范围包括纳税人为建房或从事其他非农业建设而占用的国家所有和集体所有的耕地。

所谓“耕地”是指种植农业作物的土地，包括菜地、园地。其中，园地包括花圃、苗圃、茶园、果园、桑园和其他种植经济林木的土地。

占用鱼塘及其他农用土地建房或从事其他非农业建设，也视同占用耕地，必须依法征收耕地占用税。占用已开发从事种植、养殖的滩涂、草场、水面和林地等从事非农业建设，由省、自治区、直辖市本着有利于保护土地资源和生态平衡的原则，结合具体情况确定是否征收耕地占用税。

此外，在占用之前三年内属于上述范围的耕地或农用土地，也视为耕地。

5.了解耕地占用税的税率

耕地占用税平均税额由于在中国的不同地区之间人口和耕地资源的分布极不均衡，有些地区人烟稠密，耕地资源相对匮乏；而有些地区则人烟稀少，耕地资源比较丰富。各地区之间的经济发展水平也有很大差异。考虑到不同地区之间客观条件的差别以及与此相关的税收调节力度和纳税人负担能力方面的差别，耕地占用税在税率设计上采用了地区差别定额税率。税率规定如下：

①人均耕地不超过1亩的地区(以县级行政区域为单位,下同),每平方米为10～50元;

②人均耕地超过1亩但不超过2亩的地区,每平方米为8～40元;

③人均耕地超过2亩但不超过3亩的地区,每平方米6～30元;

④人均耕地超过3亩以上的地区,每平方米5～25元。

经济特区、经济技术开发区和经济发达、人均耕地特别少的地区,适用税额可以适当提高,但最多不得超过上述规定税额的50%(见下表)。

各省、自治区、直辖市耕地占用税平均税额	
地区	每平方米平均税额(元)
上海	45
北京	40
天津	35
江苏、浙江、福建、广东	30
辽宁、湖北、湖南	25
河北、安徽、江西、山东、河南、重庆、四川	22.5
广西、海南、贵州、云南、山西	20
山西、吉林、黑龙江	17.5
内蒙古、西藏、甘肃、青海、宁夏、新疆	12.5

6.计算耕地占用税的税额

耕地占用税以纳税人实际占用的耕地面积为计税依据,以每平方米土地为计税单位,按适用的定额税率计税。其计算公式为:

$$应纳税额=实际占用耕地面积(米^2)\times 适用定额税率$$

(二)资料准备

1.利用现有的图书馆以及报刊杂志等,查找有关耕地占用税基本内容的信息资料;

2.利用现有的电脑、网站等网络环境条件,查找有关耕地占用税征收方面信息资料。

二、设计与实施

【学习任务设计】

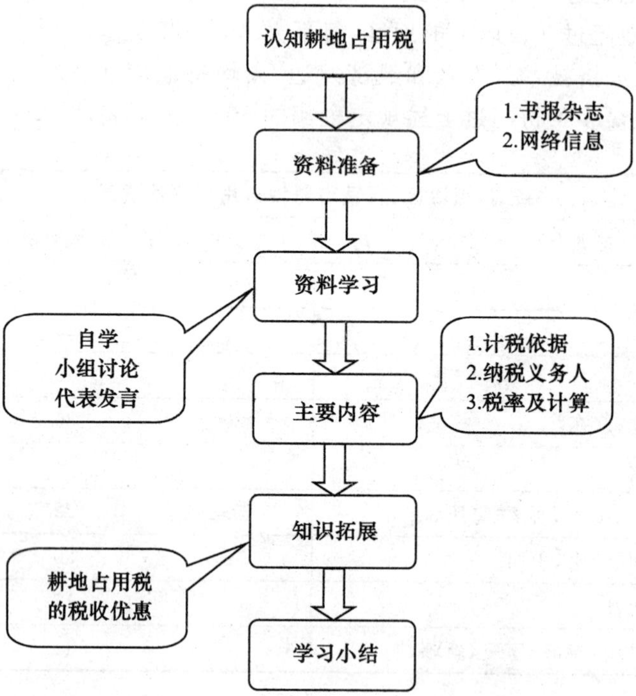

【学习任务实施】

在学生调查研究的基础上，通过头脑风暴法扩大学习成果，并集中集体智慧完成一份较好的综合性的“×××地区耕地占用税的专题调研报告”，每组选一个代表，在全班讲解小组的专题调研报告的形成、思路、学习收获，组员补充收获的内容；教师组织发动全班同学讨论、评价各小组的学习情况，达到全班同学共享学习资源和收获体会，巩固所学的知识内容。

关于×××地区耕地占用税的调研报告

前言：介绍本次耕地占用税调查的缘由、目的、时间、地点、范围等；

主体内容：基本概况、突出问题等；

结尾：分析问题、提出合理化建议等。

三、知识拓展——税收优惠、征收管理、收入用途

(一)税收优惠

1.免征耕地占用税

①军事设施占用耕地。

②学校、幼儿园、养老院、医院占用耕地。

2.减征耕地占用税

①铁路线路、公路线路、飞机场跑道、停机坪、港口、航道占用耕地,减按每平方米2元的税额征收耕地占用税。

根据实际需要,国务院财政、税务主管部门商国务院有关部门并报国务院批准后,可以对前款规定的情形免征或者减征耕地占用税。

②农村居民占用耕地新建住宅,按照当地适用税额减半征收耕地占用税。

农村烈士家属、残疾军人、鳏寡孤独以及革命老根据地、少数民族聚居区和边远贫困山区生活困难的农村居民免征或者减征耕地占用税。

(二)征收管理

耕地占用税由地方税务机关负责征收。土地管理部门在通知单位或者个人办理占用耕地手续时,应当同时通知耕地所在地同级地方税务机关。

国家对一些特殊行业占地、农村居民建房用地应缴纳的耕地占用税给予的减征照顾。具体包括:

①农村革命烈士家属、革命残废军人、鳏寡孤独以及革命老根据地、少数民族聚居地和边远贫困山区生活困难的农户,在规定的用地标准内,新建住房纳税确有困难的,可在减半征收的基础上,进一步给予减免照顾。减免税额,一般应控制在农村居民新建住宅用地计征税额总额的10%以内;少数省、自治区贫困地区较多的,减免比例最高不得超过15%。

②对民政部门所办的福利工厂,确属安置残疾人就业的,可按残疾人占工厂人员的比例,酌情给予减税照顾。

③国家在"老、少、边、穷"地区采取以公代赈办法修筑公路,缴税确有困难的,由省、自治区审查核定,提出具体意见报经财政部批准后,可酌情给予减税照顾。

④农村居民在规定的用地标准内新建住房,按规定税额减半征税。

⑤对于公路建设耕地占用税,可在国务院规定的适用税额范围内,按低限税额征收。1990年,财政部统一了公路建设耕地占用税税额标准,原核定的平均税额在每平方米5元以上的,按每平方米2元计征;平均税额每平方米不足5元的,按

每平方米 1.5 元计征。

(三)收入用途

征收的耕地占用税收入在地方建立农业发展基金;中央建立农业综合开发基金后的基本用途和支出范围。主要包括:

①用于提高耕地质量,改造中低产田,兴建排涝、改碱、荒滩治理、深翻改土、培养地力等工程措施所需的各项费用;

②扩大耕地数量,开垦宜耕荒地、滩涂、撂荒地、闲弃地等所需的费用;

③兴建和整修小型农田水利工程、灌区渠道、防渗工程、打井配套等工程所需的费用;

④在原有耕地和扩大耕地周围实施保护耕地的生物措施,营造农田防护林,水上涵养保持等所需的种子、苗木、工具等所需的资金补助;

⑤繁育推广优良品种,采取先进农业科技措施的费用;

⑥实施开垦和整治宜农耕地工程等大面积开发项目及引进外资项目所需的前期勘测、论证、规划设计所需的配套资金;

⑦经当地人民政府批准,由银行贷款开发农用土地资源项目的贴息支出。

任务四 认知车船税

一、学习准备

(一)知识准备

车船税是指对在中国境内应依法到公安、交通、农业、渔业、军事等管理部门办理登记的车辆、船舶,根据其种类,按照规定的计税依据和年税额标准计算征收的一种财产税。从 2007 年 7 月 1 日开始,有车族需要在投保交强险时缴纳车船税,征收的范围为车辆和船舶。

车船税由地方税务机关负责征收。纳税地点由省、自治区、直辖市人民政府根据当地实际情况确定。跨省、自治区、直辖市使用的车船,纳税地点为车船的登记地。

1. 车船税的缴纳地点

当地缴纳车船税的单位,应当向其机构所在地的地方税务机关申报缴纳车船税;缴纳车船税的个人,应当向其住所所在地的地方税务机关申报缴纳车船税。跨地、州、市(县)使用的车船,则应在车船登记地缴纳。

为了方便纳税人,严格车船税的征收管理,对于除拖拉机、军队武警专用车辆、警用车辆、外交车辆、省级政府规定免税的公交车辆以外的机动车,纳税人如果没有缴税,应当在购买机动车交通事故责任强制保险时按照的车船税税额标准计算缴纳车船税。

2. 车船税的征收部门

车船税属于地方税,由地方税务机关负责征收管理。对于机动车,为了方便纳税人缴税,节约纳税人的缴税成本和时间,条例规定从事机动车交通事故责任强制保险业务的保险机构为车船税的扣缴义务人,在销售机动车交通事故责任强制保险时代收代缴车船税,并及时向国库解缴税款。

3. 办理流程

①首次办理时,需先登记本单位(个人)所拥有或管理的车船(包括免税车船)的基本信息。需填交《某市地方税务局车辆/船舶情况登记表》,并提供税务登记证件副本复印件(个人提供有效身份证件及复印件)、组织机构代码证复印件(个人车船所有人无须提供)、车船管理协议书(车船管理人提供)、《机动车登记证书》或《机动车行驶证》《船舶所有权登记证书》《船舶国籍证书》的原件及复印件。车船基本情况在办税大厅综合服务窗口登记后方可到征收窗口进行纳税申报,申报时,填交《某市地方税务局车船税纳税申报表(车辆/船舶)》。纳税人在办理设立(开业)税务登记时,应一并填交《某市地方税务局车辆/船舶情况登记表》,如未办理车船登记的,应按上述程序办理。

②已办理登记的车船情况发生变动的,纳税人需及时到所在地的区地方税务局(税务所)办理车船信息变动登记手续。

③已办理登记的车船,次年申报时,应填交《某市地方税务局车船税纳税申报表(车辆/船舶)》,并持所有车船的《机动车行驶证》《船舶所有权登记证书》原件或复印件办理纳税。

4. 车船税的办理时限

车船税的纳税义务发生时间,为车船管理部门核发的车船登记证书或者行驶证书所记载日期的当月。纳税人未按照规定到车船管理部门办理应税车船登记手续的,以车船购置发票所载开具时间的当月作为车船税的纳税义务发生时间。对未办理车船登记手续且无法提供车船购置发票的,由主管地方税务机关核定纳税义务发生时间。

车船税按年申报缴纳。纳税年度自公历1月1日起至12月31日止。具体申报纳税期限由省、自治区、直辖市人民政府确定。

5. 车船税的征税范围

车船税的征收范围,是指依法应当在我国车船管理部门登记的车船(除规定减免的车船外)。

(1)车辆

车辆,包括机动车辆和非机动车辆。机动车辆,指依靠燃油、电力等能源作为动力运行的车辆,如汽车、拖拉机、无轨电车等;非机动车辆,指依靠人力、畜力运行的车辆,如三轮车、自行车、畜力驾驶车等。

(2)船舶

船舶,包括机动船舶和非机动船舶。机动船舶,指依靠燃料等能源作为动力运行的船舶,如客轮、货船、气垫船等;非机动船舶,指依靠人力或者其他力量运行的船舶,如木船、帆船、舢板等。

(二)资料准备

1. 利用现有的图书馆以及报刊杂志等,查找有关车船税征收的信息资料;

2. 利用现有的电脑、网站等网络环境条件,查找有关车船税征收方面信息资料。

二、设计与实施

【学习任务设计】

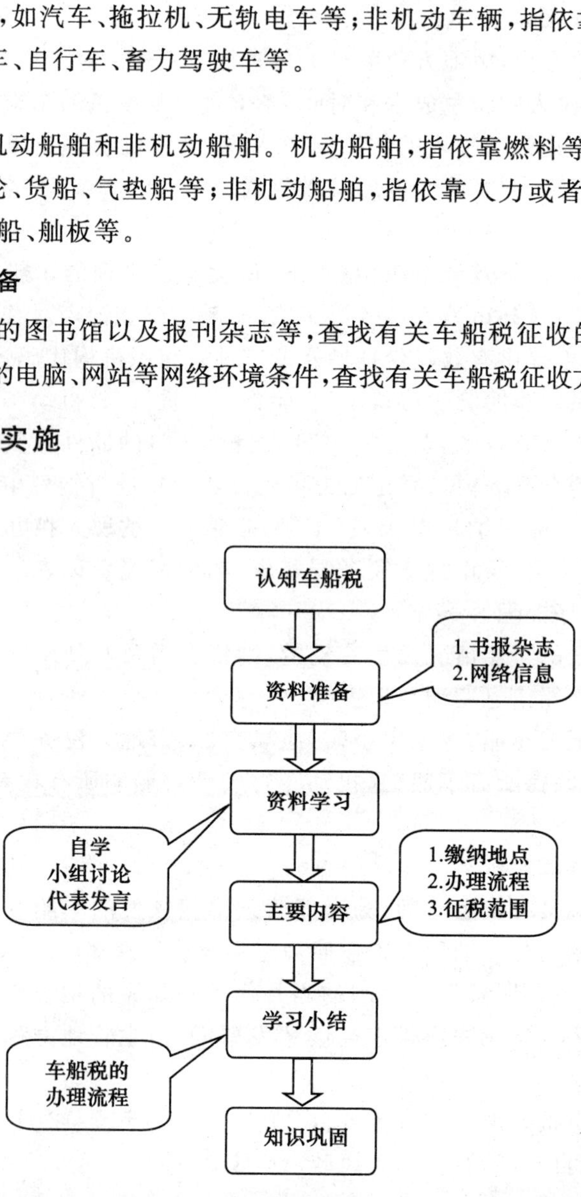

【学习任务实施】

1. 课前准备

(1)在教师指导下,学生查询车船税的概念、征税范围等基本知识;

(2)到当地税务部门调查车船税的执行情况。

2. 课堂上

(1)分成若干小组,每组选一个代表发言,组员进行补充;教师组织讨论并评价各小组的学习情况。

(2)共同学习车船税的办理流程。

3. 课堂训练

[习题]　茂盛公司拥有自用房产,原值600 000元,允许减除20%计税,房产税年税率为1.2%;小汽车2辆,每年每辆税额300元;载重汽车3辆,计净吨位15吨,每吨年税额60元;占用土地面积为1 500 米^2,每平方米年税额为6元;税务部门规定对房产税、车船使用税和城镇土地使用税在季末后10日内交纳,2015年3月31日计算本月份应交纳各项税金。

任务五　认知其他税种

一、学习准备

(一)知识准备

1. 车辆购置税

车辆购置税是对在我国境内购置规定车辆的单位和个人征收的一种税,它由车辆购置附加费演变而来。现行车辆购置税法的基本规范,是从2001年1月1日起实施的《中华人民共和国车辆购置税暂行条例》。

(1)车辆购置税的征税范围和纳税义务人

①征税范围:汽车、摩托车、电车、挂车、农用运输车等。

②纳税义务人:在中华人民共和国境内购置应税车辆的单位和个人。

(2)车辆购置税的税目税率

车辆购置税税率为10%。

车辆购置税的纳税人为购置(包括购买、进口、自产、受赠、获奖或以其他方式取得并自用)应税车辆的单位和个人,征税范围为汽车、摩托车、电车、挂车、农用运输车，税率为10%，应纳税额的计算公式为：应纳税额=计税价格×税率。

自用车税率计算：计税价格=购买应税车辆而支付给销售者的全部价款+价外费用 计税价格 ×10% 其中计税价格不含增值税

进口车税率计算：计税价格=关税完税价+关税+消费税 计税价格×10%

(3)车辆购置税的纳税主体

车辆购置税的纳税人是指境内购置应税车辆的单位和个人。其中购置是指购买使用行为、进口使用行为、受赠使用行为、自产自用行为、获奖使用行为以及以拍卖、抵债、走私、罚没等方式取得并使用的行为，这些行为都属于车辆购置税的应税行为。

车辆购置税的纳税人具体是指：

所称单位，包括国有企业、集体企业、私营企业、股份制企业、外商投资企业、外国企业以及其他企业，事业单位、社会团体、国家机关、部队以及其他单位。

所称个人，包括个体工商户及其他个人，既包括中国公民又包括外国公民。

(4)车辆购置税的纳税地点

购置应税车辆，应当向车辆登记注册地的主管国税机关申报纳税；购置不需要办理车辆登记注册手续的应税车辆，应当向纳税人所在地的主管国税机关申报纳税。

(5)了解车辆购置税的征收对象

车辆购置税退税骗局车辆购置税以列举的车辆作为征税对象，未列举的车辆不纳税。其征税范围包括汽车、摩托车、电车、挂车、农用运输车，具体规定如下；

①汽车：包括各类汽车。

②摩托车。

a.轻便摩托车：最高设计时速不大于50千米/小时，发动机气缸总排量不大于50的两个或三个车轮的机动车；

b.二轮摩托车：最高设计车速大于50千米/小时，或发动机气缸总排量大于50的两个车轮的机动车；

c. 轮摩托车：最高设计车速大于50千米/小时，发动机气缸总排量大于50，空车质量不大于400千克的三个车轮的机动车。

③电车。

a. 无轨电车：以电能为动力，由专用输电电缆供电的轮式公共车辆；

b. 有轨电车：以电能为动力，在轨道上行驶的公共车辆。

④挂车。

a. 全挂车：无动力设备，独立承载，由牵引车辆牵引行驶的车辆；

b. 半挂车：无动力设备，与牵引车共同承载，由牵引车辆牵引行驶的车辆。

⑤农用运输车。

a. 三轮农用运输车：柴油发动机，功率不大于 7.4 千瓦，载重量不大于 500 千克，最高车速不大于 40 千米/小时的三个车轮的机动车；

b. 四轮农用运输车：柴油发动机，功率不大于 28 千瓦，载重量不大于 1 500 千克，最高车速不大于 50 千米/小时的四个车轮的机动车。

为了体现税法的统一性、固定性、强制性和法律的严肃性特征，车辆购置税征收范围的调整，由国务院决定，其他任何部门、单位和个人无权擅自扩大或缩小车辆购置税的征税范围。

(6)车辆购置税的征收内容

①已经缴纳车购税的车辆，因质量问题需将该车辆退回车辆生产厂家的，可凭生产厂家的退车证明办理退税；退税时必须交回该车车购税原始完税凭证；不能交回该车原始完税凭证的，不予退税。

②已经缴纳车购税的车辆，因质量问题需由车辆生产厂家为车主更换车辆的，可凭生产厂家的换车证明及所更换的新车发票办理车购税变更手续，并交回原车车购税原始完税凭证，不能交回原始完税凭证的，不予办理车购税变更手续。

更换新车后，当新车辆的计税价格等于原车辆的计税价格的，则只需办理车购税变更手续；当新车辆的计税价格高于或者低于原车辆计税价格的，则按差额补税或者退税后办理变更手续。

③已经缴纳车购税的车辆因被盗抢或者其他原因，车辆的发动机号、底盘号或车辆识别号被涂改、破坏的，凭该车车购税原始完税凭证、公安机关车辆管理机构的相关证明，办理车购税变更手续。

(7)车辆购置税的减免政策

2014 年 7 月 9 日国务院常务会议决定，自 2014 年 9 月 1 日至 2017 年底，对获得许可在中国境内销售(包括进口)的纯电动以及符合条件的插电式(含增程式)混合动力、燃料电池三类新能源汽车，免征车辆购置税。

①外国驻华使馆、领事馆和国际组织驻华机构及其外交人员自用的车辆，免税。

②中国人民解放军和中国人民武装警察部队列入军队武器装备订货计划的车辆，免税。

③设有固定装置的非运输车辆，免税。

设有固定装置的非运输车辆是指，挖掘机、平地机、叉车、装载车(铲车)、起重机(吊车)、推土机等工程机械。

④防汛部门和森林消防等部门购置的由指定厂家生产的指定型号的用于指挥、检查、调度、防汛(警)、联络的专用车辆(以下简称防汛专用车和森林消防专用车),免税。

⑤回国服务的在外留学人员(以下简称留学人员)购买的1辆国产小汽车,免税。

⑥长期来华定居专家(以下简称来华专家)进口1辆自用小汽车,免税。

⑦有国务院规定予以免税或者减税的其他情形的,按照规定免税、减税。

摘自《国家税务总局关于车辆购置税税收政策及征收管理有关问题的通知》(国税发〔2004〕160号)

(8)车辆购置税的退税政策

纳税人已缴纳车辆购置税,如果符合规定可以退还车辆购置税的,应提出申请。主管税务机关受理、核实,办理车辆购置税退税审批手续,将应退还的车辆购置税退还纳税人。

①公安机关车辆管理机构不予办理车辆登记注册手续的,凭公安机关车辆管理机构出具的证明办理退税手续。

②因质量等原因发生退回所购车辆的,凭经销商的退货证明办理退税手续。

法律依据:

《中华人民共和国车辆购置税暂行条例》(中华人民共和国国务院令〔2000〕294号)

《车辆购置税征收管理办法》(国家税务总局令〔2005〕第15号)

2.印花税

印花税是以经济活动中签立的各种合同、产权转移书据、营业账簿、权利许可证照等应税凭证文件为对象所征的税。印花税由纳税人按规定应税的比例和定额自行购买并粘贴印花税票,即完成纳税义务。证券交易印花税,是印花税的一部分,根据书立证券交易合同的金额对卖方计征,税率为1‰。

(1)印花税的纳税人

中华人民共和国境内书立、领受本条例所列举凭证的单位和个人,都是印花税的纳税义务人。具体有:立合同人;立账簿人;立据人;领受人。

(2)印花税的征税对象

现行印花税只对印花税条例列举的凭证征税具体有五类:合同或者具有合同性质的凭证,产权转移书据,营业账簿,权利、许可证照和经财政部确定征税的其他凭证。

(3)印花税的计税依据

印花税根据不同征税项目,分别实行从价计征和从量计征两种征收方式。

①从价计税情况下计税依据的确定。

a.各类经济合同,以合同上记载的金额、收入或费用为计税依据;

b.产权转移书据以书据中所载的金额为计税依据;

c.记载资金的营业账簿,以实收资本和资本公积两项合计的金额为计税依据。

②从量计税情况下计税依据的确定。实行从量计税的其他营业账簿和权利、许可证照,以计税数量为计税依据。

(4)印花税的税率

现行印花税采用比例税率和定额税率两种税率。

比例税率有五档,即千分之1、千分之4、万分之5、万分之3和万分之0.5。

适用定额税率的是权利许可证照和营业账簿税目中的其他账簿,单位税额均为每件伍元。

(5)计算印花税应纳税额

①按比例税率计算应纳税额的方法

$$应纳税额=计税金额\times适用税率$$

②按定额税率计算应纳税额的方法

$$应纳税额=凭证数量\times单位税额$$

(6)印花税的纳税环节和纳税地点

印花税的纳税环节应当在书立或领受时贴花。

印花税一般实行就地纳税。

(7)印花税的缴纳方法

印花税实行由纳税人根据规定自行计算应纳税额,购买并一次贴足印花税票(以下简称贴花)的缴纳办法。

为简化贴花手续,应纳税额较大或者贴花次数频繁的,纳税人可向税务机关提出申请,采取以缴款书代替贴花或者按期汇总缴纳的办法。

(8)印花税票

印花税票是缴纳印花税的完税凭证,由国家税务总局负责监制。其票面金额以人民币为单位,分为壹角、贰角、伍角、壹元、贰元、伍元、拾元、伍拾元、壹佰元9种。

印花税票为有价证券。

印花税票可以委托单位或个人代售,并由税务机关付给5%的手续费,支付来源从实征印花税款中提取。

(9)印花税的税收优惠

已缴纳印花税的凭证的副本或者抄本；

财产所有人将财产赠给政府、社会福利单位、学校所立的书据；

国家指定的收购部门与村民委员会、农民个人书立的农副产品收购合同；

无息、贴息贷款合同；

外国政府或者国际金融组织向我国政府及国家金融机构提供优惠贷款所书立的合同。

对商店、门市部的零星加工修理业务开具的修理单，不贴印花。

对房地产管理部门与个人订立的租房合同，凡用于生活居住的，暂免贴印花；

对铁路、公路、航运、水路承运快件行李、包裹开具的托运单据，暂免贴印花。

对铁路、公路、航运、水路承运快件行李、包裹开具的托运单据，暂免贴印花。

企业与主管部门等签订的租赁承包经营合同，不属于财产租赁合同，不应贴花。

(10) 印花税的违章处理

纳税人有下列行为之一的，由税务机关根据情节轻重，予以处罚：

①在应纳税凭证上未贴或者少贴印花税票的，税务机关除责令其补贴印花税票外，可处以应补贴印花税票金额 3～5 倍的罚款。

②对未按规定注销或画销已贴用的印花税票的，税务机关可处以未注销或者画销印花税票金额 1～3 倍的罚款。

③纳税人把已贴用的印花税票揭下重用的，税务机关可处以重用印花税票金额 5 倍或者 2 000 元以上 10 000 元以下的罚款。

④伪造印花税票的，由税务机关提请司法机关依法追究刑事责任。

(11)免税

下列凭证可以免征印花税：

①已经缴纳印花税的凭证的副本、抄本，但是视同正本使用者除外。

②财产所有人将财产赠给政府、抚养孤老伤残人员的社会福利单位、学校所立的书据。

③国家指定的收购部门与村民委员会、农民个人书立的农副产品收购合同。

④无息、贴息贷款合同。

⑤外国政府、国际金融组织向中国政府、国家金融机构提供优惠贷款所书立的合同。

⑥企业因改制而签订的产权转移书据。

⑦农民专业合作社与本社成员签订的农业产品和农业生产资料购销合同。

⑧个人出租、承租住房签订的租赁合同,廉租住房、经济适用住房经营管理单位与廉租住房、经济适用住房有关的凭证,廉租住房承租人、经济适用住房购买人与廉租住房、经济适用住房有关的凭证。

下列项目可以暂免征收印花税:

①农林作物、牧业畜类保险合同。

②书、报、刊发行单位之间,发行单位与订阅单位、个人之间书立的凭证。

③投资者买卖证券投资基金单位。

④经国务院和省级人民政府决定或者批准进行政企脱钩、对企业(集团)进行改组和改变管理体制、变更企业隶属关系,国有企业改制、盘活国有企业资产,发生的国有股权无偿划转行为。

⑤个人销售、购买住房。

3.契税

契税,是指对契约征收的税,属于财产转移税,由财产承受人缴纳。契税中所涉及的契约,包括土地使用权转移,如国有土地使用权出让或转让,房屋所有权转移,应该称为土地、房屋权属转移,如房屋买卖、赠送、交换等。除了买卖、赠送、交换外,房屋所有权转移的方式还有很多种。其中,有两种常见的房屋权属转移,按规定要缴纳契税:因特殊贡献获奖,奖品为土地或房屋权属;或预购期房、预付款项集资建房,只要拥有房屋所有权,就等同于房屋买卖。

(1)契税的征税对象

契税的征税对象是境内转移的土地、房屋权属。具体包括以下内容:

①国有土地使用权的出让,由承受方交。

是指土地使用者向国家交付土地使用权出让费用,国家将国有土地使用权在一定年限内让与土地使用者的行为。

②土地使用权的转让,除了考虑土地增值税,另由承受方交契税。

是指土地使用者以出售、赠予、交换或者其他方式将土地使用权转移给其他单位和个人的行为。土地使用权的转让不包括农村集体土地承包经营权的转移。

③房屋买卖:即以货币为媒介,出卖者向购买者过渡房产所有权的交易行为。

以下几种特殊情况,视同买卖房屋:

a. 以房产抵债或实物交换房屋,应由产权承受人,按房屋现值缴纳契税。

b. 以房产作投资或股权转让,以自有房产作股投入本人独资经营的企业,免纳契税。

c. 买房拆料或翻建新房,应照章纳税。

房屋赠予方不纳土地增值税,但承受方应纳契税。

房屋交换在契税的计算中,注意过户与否是一个关键点。

承受国有土地使用权支付的土地出让金。

对承受国有土地使用权所应支付的土地出让金,要计征契税。不得因减免土地出让金而减免契税。

(2)契税的纳税义务人

契税的纳税义务人是境内转移土地、房屋权属,承受的单位和个人。境内是指中华人民共和国实际税收行政管辖范围内。土地、房屋权属是指土地使用权和房屋所有权。单位是指企业单位、事业单位、国家机关、军事单位和社会团体以及其他组织。个人是指个体经营者及其他个人,包括中国公民和外籍人员。

(3)契税的税率

契税实行3%~5%的幅度税率。实行幅度税率是考虑到中国经济发展的不平衡,各地经济差别较大的实际情况。因此,各省、自治区、直辖市人民政府可以在3%~5%的幅度税率规定范围内,按照该地区的实际情况决定。

(4)买卖契税

买契税指房屋买卖行为发生后,由房屋产权承受人凭当事人双方订立的合同,办理缴纳契税和房屋变更登记手续的行为。在实际执行过程中,对不同情况作如下处理:

①先买房后拆料,属于房屋买卖行为,应按成交价格缴纳契税。

②买房后未缴契税即将房屋翻建的,应按购买房屋的成交价格缴纳契税。

③以房抵债或以实物交换房屋,实质上也是买卖关系,应由产权承受人按房屋现值缴纳买契税。

④预买房屋(其特点是卖主对一部分或全部房屋保留若干年使用权),一般低于市价,其付房价的方式,有的按契约价格一次付清,有的采取分次付款。不论采取何种方式,契税均应于契约成立后10日内,按当地征收机关规定的纳税期限,一次缴清税款。完税凭证上应注明使用年限和付款方式及必要的事项,以免发生

纠纷。

⑤经县以上人民政府批准征用的房屋，房主在一年内用国家发给的补偿费购买房屋的，可以免征契税。购买房屋的价款超过补偿费的，其超过部分，经县级以上征收机关批准可酌情给予减征或者免征契税。

⑥以房产作投资或作股转让，实属房屋产权转移，应按有关规定办理房屋产权交易和产权变更登记手续，视同房屋买卖，由产权承受人按买契税率缴纳契税。

⑦个人以自有房屋投资于本人独资经营企业，作为资产，因其房屋的产权未发生变动，不征契税，也不更换契证。

⑧凡房屋产权转移变动，必须报经房产主管机关或乡镇人民政府审批；未经审批，私自买卖的房屋，一律不予办理契税，并交由房产主管机关或乡镇人民政府处理。

(5)契税的计税依据

契税的计税依据为不动产的价格。由于土地、房屋权属转移方式不同，定价方法不同，因而具体计税依据视不同情况而决定。

国有土地使用权出让、土地使用权出售、房屋买卖，以成交价格为计税依据。成交价格是指土地、房屋权属转移合同确定的价格，包括承受者应交付的货币、实物、无形资产或者其他经济利益。

土地使用权赠予、房屋赠予，由征收机关参照土地使用权出售、房屋买卖的市场价格核定。

土地使用权交换、房屋交换，为所交换的土地使用权、房屋的价格差额。也就是说，交换价格相等时，免征契税；交换价格不等时，由多交付的货币、实物、无形资产或者其他经济利益的一方缴纳契税。

以划拨方式取得土地使用权，经批准转让房地产时，由房地产转让者补交契税。计税依据为补交的土地使用权出让费用或者土地收益。

为了避免偷、逃税款，税法规定，成交价格明显低于市场价格并且无正当理由的，或者所交换土地使用权、房屋的价格的差额明显不合理并且无正当理由的，征收机关可以参照市场价格核定计税依据。

房屋附属设施征收契税的依据。

①采取分期付款方式购买房屋附属设施土地使用权、房屋所有权的，应按合同规定的总价款计征契税。

②承受的房屋附属设施权属如为单独计价的，按照当地确定的适用税率征收契税；如与房屋统一计价的，适用与房屋相同的契税税率。

个人无偿赠与不动产行为(法定继承人除外),应对受赠人全额征收契税。在缴纳契税时,纳税人须提交经税务机关审核并签字盖章的《个人无偿赠予不动产登记表》,税务机关(或其他征收机关)应在纳税人的契税完税凭证上加盖"个人无偿赠与"印章,在《个人无偿赠予不动产登记表》中签字并将该表格留存。

出让国有土地使用权,契税计税价格为承受人为取得该土地使用权而支付的全部经济利益。对通过"招、拍、挂"程序承受国有土地使用权的,应按照土地成交总价款计征契税,其中的土地前期开发成本不得扣除。

(6)契税应纳税额

契税采用比例税率。当计税依据确定以后,应纳税额的计算比较简单。应纳税额的计算公式为:

$$应纳税额=计税依据\times税率$$

(7)税收优惠

一般规定:

国家机关、事业单位、社会团体、军事单位承受土地、房屋用于办公、教学、医疗、科研和军事设施的,免征契税。

城镇职工按规定第一次购买公有住房,免征契税。

此外,财政部、国家税务总局规定:自 2000 年 11 月 29 日起,对各类公有制单位为解决职工住房而采取集资建房方式建成的普通住房,或由单位购买的普通商品住房,经当地县以上人民政府房改部门批准、按照国家房改政策出售给本单位职工的,如属职工首次购买住房,均可免征契税。

自 2008 年 11 月 1 日起对个人首次购买 90 米^2 以下普通住房的,契税税率暂统一下调到 1%。

因不可抗力灭失住房而重新购买住房的,酌情减免。不可抗力是指自然灾害、战争等不能预见、不可避免,并不能克服的客观情况。

土地、房屋被县级以上人民政府征用、占用后,重新承受土地、房屋权属的,由省级人民政府确定是否减免。

承受荒山、荒沟、荒丘、荒滩土地使用权,并用于农、林、牧、渔业生产的,免征契税。经外交部确认,依照中国有关法律规定以及中国缔结或参加的双边和多边条约或协定,应当予以免税的外国驻华使馆、领事馆、联合国驻华机构及其外交代表、领事官员和其他外交人员承受土地、房屋权属。

特殊规定:

契税企业公司制改造非公司制企业,按照《中华人民共和国公司法》的规定,整体改建为有限责任公司(含国有独资公司)或股份有限公司,或者有限责任公司整体改建为股份有限公司的,对改建后的公司承受原企业土地、房屋权属,免征契税。

非公司制国有独资企业或国有独资有限责任公司,以其部分资产与他人组建新公司,且该国有独资企业(公司)在新设公司中所占股份超过50%的,对新设公司承受该国有独资企业(公司)的土地、房屋权属,免征契税。

企业股权重组在股权转让中,单位、个人承受企业股权,企业土地、房屋权属不发生转移,不征收契税。

国有、集体企业实施"企业股份合作制改造",由职工买断企业产权,或向其职工转让部分产权,或者通过其职工投资增资扩股,将原企业改造为股份合作制企业的,对改造后的股份合作制企业承受原企业的土地、房屋权属,免征契税。

为进一步支持国有企业改制重组,国有控股公司投资组建新公司有关契税政策规定如下:

①对国有控股公司以部分资产投资组建新公司,且该国有控股公司占新公司股份85%以上的,对新公司承受该国有控股公司土地、房屋权属免征契税。上述所称国有控股公司,是指国家出资额占有限责任公司资本总额50%以上,或国有股份占股份有限公司股本总额50%以上的国有控股公司。

②以出让方式承受原国有控股公司土地使用权的,不属于本规定的范围。

a. 企业合并:两个或两个以上的企业,依据法律规定、合同约定;合并改建为一个企业,对其合并后的企业承受原合并各方的土地、房屋权属,免征契税。

b. 企业分立:企业依照法律规定、合同约定分设为两个或两个以上投资主体相同的企业,对派生方、新设方承受原企业土地、房屋权属,不征收契税。

c. 房屋的附属设施:对于承受与房屋相关的附属设施(包括停车位、汽车库、自行车库、顶层阁楼以及储藏室,下同)所有权或土地使用权的行为,按照契税法律、法规的规定征收契税;对于不涉及土地使用权和房屋所有权转移变动的,不征收契税。

d. 继承土地、房屋权属:对于《中华人民共和国继承法》规定的法定继承人(包括配偶、子女、父母、兄弟姐妹、祖父母、外祖父母)继承土地、房屋权属,不征契税。按照《中华人民共和国继承法》规定,非法定继承人根据遗嘱承受死者生前的土地、房屋权属,属于赠与行为,应征收契税。

e. 其他:经国务院批准实施债权转股权的企业,对债权转股权后新设立的公司承受原企业的土地、房屋权属,免征契税。

政府主管部门对国有资产进行行政性调整和划转过程中发生的土地、房屋权属转移,不征收契税。

企业改制重组过程中,同一投资主体内部所属企业之间土地、.房屋权属的无偿划转,包括母公司与其全资子公司之间,同一公司所属全资子公司之间,同一自然人与其设立的个人独资企业、一人有限公司之间土地、房屋权属的无偿划转,不征收契税。

对拆迁居民因拆迁重新购置住房的,对购房成交价格中相当于拆迁补偿款的部分免征契税,成交价格超过拆迁补偿款的,对超过部分征收契税。

公司制企业在重组过程中,以名下土地、房屋权属对其全资子公司进行增资,属同一投资主体内部资产划转,对全资子公司承受母公司土地、房屋权属的行为,不征收契税。

自 2011 年 09 月 01 日起,婚姻关系存续期间,房屋、土地权属原归夫妻一方所有,变更为夫妻双方共有的,免征契税。

2013 年 12 月 31 日,财政部和国家税务总局联合发布《关于夫妻之间房屋土地权属变更有关契税政策的通知》。《通知》明确,在婚姻关系存续期间,房屋、土地权属原归夫妻一方所有,变更为夫妻双方共有或另一方所有的,或者房屋、土地权属原归夫妻双方共有,变更为其中一方所有的,或者房屋、土地权属原归夫妻双方共有,双方约定、变更共有份额的,免征契税。

(7)征收管理

①纳税义务发生时间。契税的纳税义务发生时间是纳税人签订土地、房屋权属转移合同的当天,或者纳税人取得其他具有土地、房屋权属转移合同性质凭证的当天。

②纳税期限。纳税人应当自纳税义务发生之日起 10 日内,向土地、房屋所在地的契税征收机关办理纳税申报,并在契税征收机关核定的期限内缴纳税款。

③纳税地点。契税在土地、房屋所在地的征收机关缴纳。

(二)资料准备

1.利用现有的图书馆以及报刊杂志等,查找有关车辆购置税、印花税、契税基本内容的信息资料;

2.利用现有的电脑、网站等网络环境条件,查找有关车辆购置税、印花税、契税征收方面信息资料。

二、设计与实施

【学习任务设计】

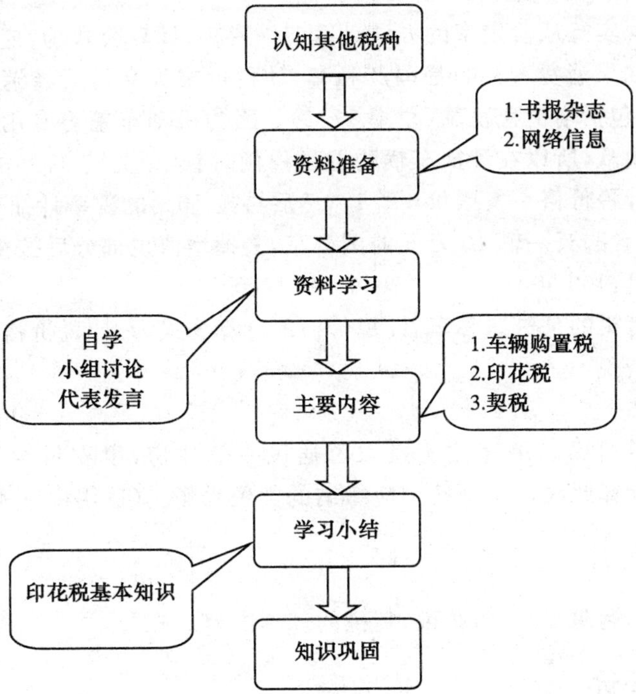

【学习任务实施】

1. 课前准备

课前在教师指导下，学生查询车辆购置税、印花税、契税的基本知识，并完成下表。

税种名称	概念	纳税义务人	税率

2. 课堂上

(1)分成若干小组，每组选一个代表完成课前准备中的表中内容，组员进行补充；教师组织讨论并评价各小组的课前准备情况。

(2)共同学习车辆购置税计算方法。

车辆购置税实行从价定率的办法计算应纳税额，计算公式为：应纳税额＝计税价格×税率。如果消费者买的是国产私车，计税价格为支付给经销商的全部价款和价外费用，不包括增值税税款(税率 17%)。因为机动车销售专用发票的购车价中均含增值税税款，所以在计征车辆购置税税额时，必须先将 17%的增值税剔除，即车辆购置税计税价格＝发票价÷1.17，然后再按 10%的税率计征车辆购置税。

比如，消费者购买一辆 10 万元的国产车，去掉增值税部分后按 10%纳税

计算公式是：100 000÷1.17×10%＝8547(元)

如果消费者买的是进口私车，计税价格的计算公式为：计税价格＝关税完税价格＋关税＋消费税

3. 课堂训练

[习题] 甲居民以一套住房换取乙居民一套住房，甲支付给乙换房差价款 120 000 元，试计算此次住房交换中应缴纳的契税税额。(适用税率 4%)

三、知识巩固

复习巩固车辆购置税、印花税、契税的基本内容。

四、综合评价

(一)教师评价

1. 对整个学习内容的归纳；
2. 对学习过程的总体评价。

(二)学生评价

1. 对教师授课效果的评价；
2. 对学习效果的评价。

参考文献

[1] 刘龙，蔡永鸿.金融学概论.北京：清华大学出版社，2004.
[2] 刘音好.农村金融知识简明读本.兰州：兰州大学出版社，2009.
[3] 全国经济专业技术资格考试研究院.财政税收专业知识与实务（全国经济专业技术资格考试用书）.北京：清华大学出版社，2014.
[4] 全国会计从业资格考试辅导教材编写组.财经法规与会计职业道德（2014年全国会计从业资格考试辅导教材）.北京：经济科学出版社，2004.